贵州省出版发展专项资金资助

贵州世居民族文化书系

宋健 主编

锣铓响四方

LUOBO XIANGSIFANG

卢春樱 李平凡 著

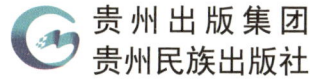

贵州出版集团
贵州民族出版社

图书在版编目（CIP）数据

锣钹响四方：白族／卢春樱，李平凡著．－－贵阳：
贵州民族出版社，2014.6（2020.7重印）
（贵州世居民族文化书系／宋健主编）
ISBN 978-7-5412-2111-8

Ⅰ．①锣… Ⅱ．①卢…②李…Ⅲ．①白族－民族文
化－贵州省 Ⅳ．① K285.2

中国版本图书馆 CIP 数据核字（2014）第 066222 号

贵州世居民族文化书系

锣钹响四方·白族

宋 健 主编 卢春樱 李平凡 著

出版发行	贵州民族出版社	
社址邮编	贵阳市观山湖区会展东路贵州出版集团大楼	550081
印　　刷	山东龙岳文化传媒有限公司	
开　　本	787mm×1092mm　　1/16	
字　　数	130 千字	
印　　张	8.25	
版　　次	2014 年 6 月第 1 版	
印　　次	2020 年 7 月第 2 次	
书　　号	ISBN 978-7-5412-2111-8	
定　　价	38.00 元	

贵州白族分布示意图

聚居　散居

多彩高原的民族共存
——《贵州世居民族文化书系》总序

　　多彩的贵州，神奇的高原。对于初次来到祖国大西南贵州省的人来说，触动心灵的不仅是苍山如海、溪河清澈、森林碧绿、峡谷幽深，更有那不同民族同胞悠扬的山歌和异彩的服饰。在这个有17.6万平方公里面积和600年建省历史的省份，数不尽的青山翠谷中生活着18个世居民族，他们从哪里来？世世代代如何与周围环境共处？以怎样的生活方式和民族风情为世界增光添彩？让读者朋友在轻松的阅读中了解这一切，就是我们出版这套《贵州世居民族文化书系》的目的。

　　贵州是一个多民族的省份，少数民族人口约占全省总人口的38%，全国56个民族成分贵州都有分布，而称得上"世居民族"的则有汉族、苗族、布依族、侗族、土家族、彝族、仡佬族、水族、回族、白族、瑶族、壮族、畲族、毛南族、仫佬族、满族、蒙古族、羌族等18个兄弟民族。从历史和民族源流看，除来自北方的回族、蒙古族、满族外，汉族属古代的华夏族系，其他各族分属古代的氐羌、苗瑶、百越、百濮四大族系。从地理位置看，贵州位于云贵高原东部，处于四川盆地和广西、湖南丘陵之间，是由高原向平原和丘陵过渡的地带。这种特殊的地理位置，使贵州历史上成为南方四大族系的交汇之地，成为民族迁徙的大走廊。在漫长的历史长河中，不同民族的融合，不同文化的相互影响，以及战争带来的多次大规模移民的进入，形成今天贵州多民族共存共荣的社会。

民族文化，指各民族在历史发展中创造的带有民族特点的文化，包含物质和精神两个方面。存在决定意识，由于贵州地处生态环境较为脆弱的喀斯特地貌带，各族群众敬畏自然，珍惜上天赋予的生活资源，注重生产方式与自然生态的和谐平衡，有着享誉世界的农业文化遗产"稻鱼鸭系统"，与草木"认干亲"的林业等生产方式和生活形态，无不彰显人与自然的和谐共处。

贵州历史上"连峰际天兮飞鸟不通"（王阳明《瘗旅文》）的交通困局，形成了十里不同风，百里不同俗的"文化千岛"，民族风情古朴浓郁，多姿多彩，如苗族的姊妹节、芦笙舞，布依族的八音坐唱，侗族的行歌坐月、侗族大歌，彝族的火把节，土家族的摆手舞等。而600多年前明王朝对贵州的大规模开发，江南的百万汉族移民以屯军、屯民的方式来到贵州，形成数百年的屯堡文化，至今成为明代文化遗存的奇迹。可以说，正是青山绿水与多民族的和谐共存构成了今天多彩的贵州。

我们这套书以大专家写小丛书为特点，以轻松阅读获取知识为目标，以直观图像结合想象力发挥为手段，采取宏观叙述与田野案例穿插叙事的方法，力图写成民族历史文化的故事书，内容虽然通俗易懂，生动有趣，但都是以坚实的学术研究为基础的，能够让读者在愉快的阅读和浏览中获取正确的知识。

"黔山秀水，神秘夜郎；多彩民族，千岛文化。"这是书系力图展示的贵州形象。愿书系成为我们大家了解贵州、欣赏贵州、热爱贵州的一个窗口。

《贵州世居民族文化书系》编委会

目录
Contents

引言

在贵州高原上世居的民族大家庭中，白族称得上是古老而又年轻的民族。说其古老，是因为在零星的文献记载和历史遗迹中，能寻觅到其先民两千多年前的生活画面；说它年轻，是因为1980年以后在中国共产党民族政策的光辉照耀下，它才返本归原，被认定为具有严格科学意义的民族归属，至此成为贵州不可分割的18个世居民族之一。

贵州的白族，以其公认的多源合流为突出特征，成为贵州乃至新中国建立以来解决贵州民族识别问题的典型范例，有秦汉时期古"僰人"的遗裔，有唐宋之际就散居于黔的古老"龙家"，又有宋元之世的"爨僰军"后代，还有明代来自南京应天府的西征将士和保驾建文皇帝逃亡的忠义臣民。于是，"僰人""龙家""爨僰军""南京人"这样一些史海中的文字与民间口碑的字眼，便与贵州白族发生了关联，经过不断的探索，渐渐解开了一些难解之谜。

特殊的自然地理，特殊的人文环境，使四面八方的白族先民在特定的历史条件下，在不同的历史时期，从不同地理方位，汇集于贵州的乌江和北盘江流域，逐渐适应贵州多种文化生态的生计方式，繁衍生息，留下了许多可歌可泣的创业史篇。

当下的贵州白族，其居住区域相对于元明以前已大为收缩，主要分布在毕节和六盘水辖区的各县、市、区（特区），部分散居在安顺市北部的普定县，人口约 20 余万，呈大散居小聚居状，与汉、彝、回、苗、布依等民族杂居，黔中和黔北已没有世居人口。

白族世代以农耕为主业，兼营稻作农业和旱地农牧经济，经营技术水平与同区域的汉族相当，是贵州农耕文化很发达的民族之一。同时，手工经济也很前卫，颇具地方特色，以石工、木工、漆工和擀毡见长，远近闻名，技艺广泛流传于其他民族之中。

贵州白族善于吸纳兄弟民族的优秀文化。早在明清之际，就"能通诸夷语"，充当各族文化交流的翻译官了。尤其接受汉儒学较早较广，进士、举人不绝于史，阁、楼、亭、台遗迹随处可见，道、释和基督教文化的传播也较为盛行。

近年，贵州白族地区城镇化和工业化提速，现代化强劲的东风吹进了白族地区村村寨寨，现代文明日新月异，然而白族传统文化不随波逐流而失传，文化的再创造已随处可见。云南大理白族的服装款式正流行于乌蒙山白族社会中，各种民间的礼俗文化已大量被移入，要实现现代化与传统文化的和谐共存似乎在这里看到了曙光。

让我们共同走进古老而年轻的贵州白族社会历史。

TIANNANDIBEI

天南地北

JUQIANJIANG

聚黔疆

● 各抒己见论族源 ●

　　贵州白族大都散居在海拔 1400
米～2200 米之间的黔西北山区。这
里属贵州乌江上游的三岔河、六圭
河等支流沿岸，为云贵高原的突出
地带。山峦重叠，沟谷纵横，山地、
丘陵、盆地、洼地交错分布，形成
复杂的地形地貌和立体气候，水草
丰足，森林繁茂。中华人民共和国
成立后，白族人口不断增加，经过
"返本归原"的"认同"和民族识
别，据 2010 年人口普查统计，全省
白族人口约 20 万。其中毕节市约 10
万，人口位居该市少数民族第三位。
六盘水市、安顺市、贵阳市、黔南
布依族苗族自治州、黔东南苗族侗
族自治州合计约 10 万人。

　　白族族源，学界众说纷纭，迄
今尚未定论，其中"氐羌说"和"土
著说"更受到白族同胞关注。

族源"僰人说"

　　"僰人"是从氐羌中分化
出来的一部分。其书写记录名
称之所以作"僰"，则《水经·江
水注》引《地理风俗》记说：
"夷中最仁，有人道，故字从
人。""僰"是其自称，到后
来的唐朝时期又被改写作同音
的"白"。

族源"土著说"

白族居住地的自然环境和近年考古发掘的大量资料表明，白族不仅是洱海地区的土著居民，而且是这一带种植水稻的古老民族。白族是一个历史悠久的民族，也是自古以来就居住在以洱海为中心的土著居民之一，主要有三个支系即民家、那马、勒墨，都崇尚白色。

"土著说"认为白族是云南省的土著民族，源于汉代洱海区域的"昆明人"，与两汉史籍所称的"僰""昆明"和三国两晋以后"叟""爨"及唐宋史籍所称的"白蛮"、"河蛮"有渊源关系。

"氐羌说"认为白族为氐羌的一支，由西北迁来，与洱海地区的土著融合，又掺和部分汉族，在南诏时期开始形成白族，大理国时期得到巩固发展。

"汉裔说"认为白族是古代楚、蜀的汉人迁入洱海地区后混合而形成的族群。

"多元说"认为白族为多元民族，是由洱海地区的"昆明"、"哀牢"、"白蛮"等不同的族系和不同时期进入云南的汉民逐渐融合而成。

关于贵州省白族的源流及形成年代问题，也在探索之中。据考古发掘和史志记载，秦统一中国后所开的五尺道和汉时的南夷道，皆穿过今云南、贵州和四川三省交界区域，今云南省昭通、曲靖，今贵州省威宁、水城一带，已有"僰人"散居。

魏晋时期，贵州西北部地区的"僰人"分布，北起今遵义市，西北至今威宁、赫章，西南抵达今安顺市西秀、关岭以及兴仁和盘县等地，人数多，分布广。当时的"僰人"大多居住在这些地区的平坝和交通要冲，已发展成为贵州西部地区的先进族群之一。

唐宋之际，大理国的统治区域东方"三十七部"，包括今贵州省西部大部分白族地区。当时大理的不少"僰人"官员，携带妻室儿女，长途进军贵州省西部一带屯驻，故贵州省白族中有一部分是南宋大理国时期从大理迁来的。威宁、赫章、水城、盘县等地的白族张、苏、李、赵、许、钱、杨等姓氏均属当时进入黔西北地区"僰人"将士后裔。

忽必烈于南宋宝祐元年（1253 年）率军南下，破灭大理政权，白族部分军人受蒙古军重用，组织统领"爨僰军"，向滇东和黔西北征讨，并留居今水城、威宁、大方、黔西、遵义等地，东至湘西一带。这些"爨僰军""取夷女为妻"，繁衍后代。清朝大学士鄂尔泰等监修的《云南通志》载，元代屯田于乌撒（今贵州省威宁、赫章、水城）的"爨僰军"就有 114 户。

白族发源地标志——大理苍山

　　明代初年，善于作战的"僰人土军"，受王朝之命，又进入今贵州省黔西南、六盘水、毕节和遵义等地镇守，少数段、李、张、王、尚等姓氏曾做过明王朝在贵州省的官员，身穿汉服，俗从汉礼，吸收的汉文化逐渐丰富起来。

　　随着明末清初"改土归流"政策的深化，白族受汉官排挤，几经迁移，最后落脚今贵州省大方、纳雍等地，并且与当地古"僰人"遗裔发展成为今天的段、尚等姓。为避免歧视，白族人攀附祖籍，改族称为汉族或彝族，并从城镇周围迁到交通闭塞，便于防守的荒凉地区落居从业。

　　从地方志记载看，元、明、清三代，贵州省内遵义、毕节、六盘水、安顺、黔西南、黔南、贵阳等地均有"僰人""白儿子""民家"或"七姓民"分布。元代李京《云南志略》载，黔北、黔西北、黔西南和滇、川交界处都有"僰人"杂居。明弘治年间的《贵

"白儿子"

　　咸宁及滇省有之，俱有宗族，男子多汉人风，业赶驼贸易，女人犹沿苗俗。因汉人赘苗女为家，生子有仍归汉人者，故有"白儿子"之名。非子归汉，其夫归汉，而妇留其子，其子有母而无父，故以"白儿子"名之。

州图经新志》说，普安州有"僰人"，诸部落语言不相通，常以"僰人"为通事。又说普定、镇宁、普安都有白族散居，这种分布格局延续到清代末年。

● 七姓九家称"罗举" ●

"罗举"，又有"罗纪""洛儿""洛举"等别写，《彝族源流》一书认为是古夷人的一支。唐宋之际，今云南省境内的南诏国、大理国在今黔西北、滇东北乌撒、乌蒙地区实行屯田时，"每百人罗举佐一管之"，于是有学者认为"罗举"似有军队组织之意。后来，"罗举"又有"汉罗举"和"彝罗举"之分，显然是不同区域的"罗举"分别受汉、彝文化影响所致。

彝文献有很多美妙的神话描述，传说在恒硕鲁惹勾有个洗线池塘。天君用神奇的松明油糊住纪优的眼睛，把他降下凡地洱海边，派他到阿哈侯女子洗线的地方。纪优请求阿哈侯，让他睁开了眼。他俩成亲后，经历了幸福的生活和痛苦的磨难。传说离奇怪诞，却有历史的影子，所描绘的是卓罗纪创业立国的历史画卷。《彝族源流》还对卓罗纪在大理立国后的君位继承状况，以叙谱的形式作了详细的记叙，认为有十六代国王更替。卓罗纪丧失政权后，彝书认为赵氏篡得三代之权，胡氏篡得一代之权，董氏篡得二代之权。过去所掌握的权柄，落入了武输史（大理国）手中，在散娄为君主的时代，设立了点苍宰度；在散恩艾鲁时，设立了恩苏宰度。在啥足邹谷，建造尼、能之塔；在多同诺儿，建造什、勺之塔；在诺雅材省，建造米、靡之塔；在阿着立里直，建造举、偶之塔；在安缕，修造鲁、朵之塔；在俄卓，修建斯、里之塔；在女洛，修建迷、觉之塔；七塔十二庙，做一天建造成。卓"罗纪"家，绾髻的男人，编辫的女人，仿效了汉族习俗。所记政权更替，未必准确，却反映出大理立国前的动荡局面和汉化过程。同时，可看出"罗纪"的来历及后来的演变，

"罗纪"五来源

《彝族源流》载：西边的卓罗纪在点苍雅卧（点苍山脚）。卓罗纪有五大来源：卓罗纪源于里氏的恒卧苦、投卧洪；源于什勺氏的什默采；源于尼能氏的尼则舍、能谷奋；源于武色吞的大侬罗；源于德施氏的姆鲁德。

云贵界河牛栏江峡谷的白族分布区

即"罗纪"名称来源于军队组织，后演化为统治王族之代称或族称。

以上"罗纪"源流，用彝族文献常有的形象思维表达方式，记叙了"罗纪"的迁徙及创业建国史，因有较详细的系谱作支撑，基本史实是可信的。唯其所载历史跨度较大，且不严密，需认真辨析。

威宁、赫章、水城的白族（"七姓民"）初来时定居今草海一带，至今还相传，张家住火星塘，苏家住宰羊坡，赵家住小北屯，李家住海子边和三关庙。明末清初，威宁白族由草海周围陆续迁移边远山区，少部分迁到今威宁的金钟、龙场、盐仓和赫章的窝奔等地。

● "龙家""南京"本是亲 ●

"龙家"是贵州的古老族群之一，自称"松尼保"，彝族称"阿武普"，苗族称"斯业"，仡佬族称"补外"，布依族称"补龙"，汉族称"龙家"或"侬家"，以大杂居小聚居为主。其支系较多，诸如"大头龙家""小头龙家""马镫龙家""曾竹龙家"等。元明以前，其主要分布地区是贵阳、安顺、黔南、毕节等地。

白族村落

据史记载推测，"龙"在春秋战国时可能为国名，汉唐之际为大族姓氏，宋代以后才作为族群称谓。贵州"龙家"主要来自楚、蜀，于战国及其以后逐渐进入今贵州境。春秋战国时期，诸侯割据，彼此兼并，各自称雄。战国时独霸一方的楚国吞并许多小国，因战乱迫使其国民外迁，"龙家"相当一部分人因此迁入贵州。两汉之时，"龙"为大姓，汉王朝所置的牂牁郡为龙、傅、尹、董等大姓所统治，今贵州地区当时属牂牁境地，有相当一部分"龙家"先民定居。隋唐时期，龙姓因依附唐王朝而逐渐兴盛，势力得到扩展。定居贵州地区的龙姓族属因之人丁兴旺，有较大的发展。南宋晚期，忽必烈率军南下，为巩固蒙古帝国的统治，大力扶持西南诸夷的领主，大封土官，同时采取一系列措施控制和削弱原先依仗宋王朝的龙、方、张、罗等大姓，龙姓受到沉重打击。"龙家"族人因此四处分散。元代中期以后，"龙家"分支较多，贵州境内，有"马镫龙家""狗耳龙家"（又称"小头龙家"）"曾竹龙家""大头龙家"。

《元史·地理志·云南行中书省》载："至元二十七年（1290 年）初，罗思、吕国瑞入贿丞相桑哥及要束木等，请创罗甸宣慰司。至是，言招罗甸国扎哇并龙家、宋家、仡佬、苗人诸种蛮夷四万六千六百户。"清代罗绕典《黔南职方纪略》载："汉武帝灭且兰，置牂牁郡，迁蜀之大姓龙、傅、董、尹于其地，于是苗中有龙家子矣。"

明代贵州的"龙家"分布地域稳定，而且与"南京人"出现了融合现象。明弘治年间的《贵州图经新志》卷一载："贵州宣慰司……白龙家，绾髻，白布束之，妇女亦绾髻，皆以白布为衣，亦用汉人文字，以七月七日祭先茔，甚敬。曰'曾竹

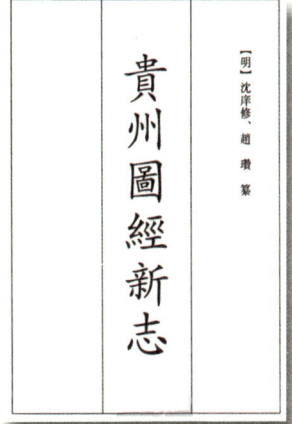

几种"龙家"来源

清李宗昉《黔记》载："龙家与仲家同俗而衣尚白，丧服则易之以青，妇人缅布作冠，若马镫，加髻以等束之……一曰大头龙家，男子以牛马鬃尾杂发而盘之若盖，以尖笠覆之，一曰狗耳龙家，妇人辫发，蛐结上指，若狗耳之状，亦曰小头龙家。一曰曾竹龙家，俗与龙家同。"

贵州图经新志

[明] 沈庠修、赵瓒纂

龙家，其俗与龙家同，但妇人以布作冠，笋为马镫，加于髻上，以全木或骨角为长簪焉'。"上书卷九亦载："安顺州，民皆龙家夷类，多张、刘、赵、谢四姓，通汉语，识文字。"清代田雯《黔书》载："龙家，其种有四，在康佐、会竹者为狗耳龙家，衣尚白，

好依深林荇莽之间，男子束发而不冠，善石工，妇人辫发螺髻，上指若狗耳状……以七月七日祭其先茔。"天启元年至崇祯三年（1621~1630年），以贵阳为中心的平坝卫（今平坝县）、广顺州（在今长顺县）、敷勇卫（今修文县）、威清卫（今清镇市）等地"龙家"族人，因避战乱，与来自南京一带的"南京人"先后进入毕节市，聚居在今大方、黔西、七星关、织金等县（区），散居纳雍、水城、威宁、赫章等县。清代宣统年间的《贵州地理志》卷三载："龙家有四种：曰狗耳龙家、马镫龙家、大头龙家、曾竹龙家……白龙家，在大定、平远二州。"大定即今大方，平远即今织金。清嘉庆《黔西州志》载："侬家，厥性颇淳，衣尚白色，男髻向前，青带勒额，女髻有带绉发盘其首，衣短裙长，多赵、谢二姓，婚姻、死葬与蔡家同，婚则用媒妁，聘以牛酒财礼，死则用棺石墓。近今沐浴王化，咸知礼义，多有读书入津者。"关于贵州"龙家"这一古老族群的文化叙述，典籍历史均有记载，可查可考。

据清代《大定府志》载，清中晚期的大定府百纳、鸡场、理化、马场、坡脚、双山、响水、达溪、瓢井、长石，织金县八步、以那架，纳雍县龙场、维新、治昆，毕节县朱昌、鸭池，金沙县安乐等地均有"龙家"分布。清代常恩主持修的《安顺府志》说，普定十二营有"龙家"，分黑、白两种。

明初入黔的"南京人"，在与贵州原有居民的相处中，得到了古朴"龙家"的友好相待，于是以"龙家"自称"松尼保"为称谓，在贵阳、安顺、毕节等地隐居下来，清代以后因祖籍"南京"而习称"南京人"。暂居在黑羊箐（今贵阳）一带的携印逃亡官兵，在极度困难

的时候与贵州民族风俗习惯各不相同，生活十分困难。为生存着想，决定分成若干批，按批分散在贵阳周围的平坝、敷勇、威清等地，并认同、靠近、依附在当地的一个少数民族中。经反复选择，认为"龙家一族心地和平，堪以为援"，"可以与之联宗认族，倚为心腹"。明永乐五年（1407年）正月，各地"南京人"代表集中，在今息烽县西望山合姓结盟。因"龙家"和"南京人"皆以赵、谢二姓为多，为壮大氏族声势，故将李、王、张、罗等三十六姓合为赵、谢二姓，成为大姓氏族。尔后于西望山昆恩寺左侧立了石

"龙家"盟誓碑，位于息烽县西望山

碑，碑上阴镌汉字："日月，万古丛林，永乐五年正月盟誓。"这次合姓，实为"明合暗记"，对外称赵姓、谢姓，暗地各记自己的姓氏，永久沿袭。结盟合姓后，"南京人"即改言易服，变礼投簪，以汉变夷。"南京人"和"龙家"融合，彼此都得到了很大的好处，一是"南京人"得到"龙家"的庇护，明成祖朱棣官军不易分辨，难以清剿；二是壮大了"龙家"的力量，异族以势压人和侵害本族利益的事减少；三是生产技术得以交流，农业发展较快，生活逐步得到提高。"南京人"家谱中，如大方县拔贡赵铿家谱载："燕藩承统，建文播逃，凡同事忠义者，率族属以来黔，离乡去国，良可哀矣；既而创业水东，更水西……吾先祖至黔时，惟龙家一族心地和平，堪以为援，乃投簪改制，相倚为生，延十数世，何主何宾无能辨矣。"黔西县《华氏家谱》载："惟龙家为近朴直，马仲阴蔡淫者聚族而居，喜率亲属安耕织，远骄佚，吾先知其可依也，乃率属以和之，和其理居，和其姓氏，和其衣服、礼仪、语言、器用。"

在特定的历史环境中，"南京人"与"龙家"相融合。"南京人"入黔后与"龙家"的依存关系，家谱中随处可见。

贵州白族概况

  白族是中国西南少数民族。主要分布在云南省、贵州省、四川省、湖南省。白族共有185万人，贵州的白族人口约有20万人，分布在毕节市、六盘水市和安顺市，以大方、毕节、织金、纳雍、黔西、威宁、赫章、水城、盘县为聚居区，与彝、苗、汉等民族杂居，大散居小聚居，以散居中的点状分布为特点。

  白族语言属汉藏语系藏缅语族。

"七姓民" 识别

  在识别过程中，"七姓民"各姓民众纷纷向政府表达了自己的心愿。民族识别办公室写出了"关于七姓民返本归原为白族的调查报告"。威宁县人民政府于1982年4月在县城召开"七姓民"代表座谈会，以（威府发）15号文件上报毕节地区行政公署，地区行署于同年6月以（毕署发）79号文件批复，同意威宁"七姓民"正式认定为白族。

小韭菜坪风光

● 共同心愿一家人 ●

贵州白族中的南龙人，是明初入黔的"南京人"和贵州的"龙家"经过长期的融合形成的族群。"龙家"是贵州的古老族群之一，明代以前，主要分布在贵阳、安顺、黔南、毕节等地。

"南京人"是明代因战争流落或避祸出逃来贵州的，主要分两批：一批是明洪武时，到云贵征讨元朝残余势力后留驻屯守的将士，如南雄侯赵镛之子赵承鼎为毕节卫左千户所百户指挥（今存有印）。另一批是受累于建文帝的臣民及亲属逃离南京后，历尽艰辛，一部分逃入黑羊箐（贵阳），"会聚于中曹司……于息烽将三十六姓合为赵谢二姓"。

白族由古至今，称"僰人""白尼""罗举""白人""白儿子""民家"等，或是自称，或是他称，自称他称难辨。现在以白族为统一族称。白族中的"七姓民"和南龙人，有个较复杂的识别过程。

1.返本归原

过去有关部门曾对威宁"七姓民"进行过调查，意在识别其民族成分。由于历史条件和族内外意见分歧等种种原因，这一调查识别未得结论，造成"七姓民"成员在族称申报上较混乱，有的报成"民家族""七姓族"，有的报为彝族，少数报白族或汉族。

白族地区晨景

　　根据国务院有关民族识别的文件
精神，有关部门开展对"七姓民"的
识别工作，调查工作先从清宣统《贵
州地理志》"白儿子在威宁"的记载
及族称进行考证研究。认为，威宁彝
族历来对"七姓民"有"罗举喏麻尼，
罗举撒麻尼，罗举喏武米"之说，意
即"七姓民不是彝族，也不是汉族，
而是彝族皇帝家"。此说法当来自大
理国时期，所谓"彝族皇帝家"实指
大理国最高统治者白族段氏，泛指"罗
举"。从历史上汉称"民家""白儿
子"分析，与大理白族族称相同。继
之，调查组实地考察了境内"白儿子
营盘""白儿子水井""白儿子丫口"
等历史遗留地名，并深入境内和赫章
县有关区、乡。然后走访云南有关民
族研究机构和民族研究专家。在此基
础上，还查阅《白族简史简志合编》《云
南民族学院学术论文集》《大理文化》
《贵州通志》《大定府志》《东川府
志》《宣威县志》《南诏野史》等资
料，并考证了"七姓民"的碑迹家谱。
最后认定威宁"七姓民"为白族。

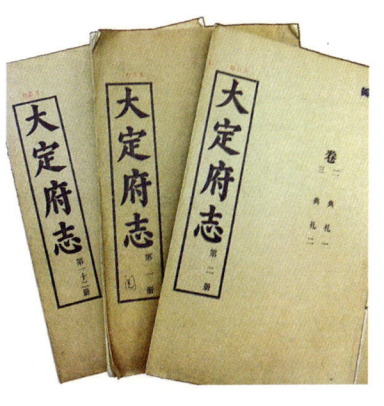

　　继之，赫章、水城等县的"七姓民"
也申报并获得批准为白族。

　　2. 名从主人

　　黔西北的大方、纳雍、黔西等县，发现有用汉文
手抄的《水西传》里有"领着十万白儿子，杀得天昏
地不明"的记载。"白儿子"即明清时期对白族的称谓。
大方县境彝文书籍中有"洛举"等白族先民，并把能
操彝语的白族人称"泥洛举"即彝洛举，操汉语的白

黔西北"龙家"（"南京人"）认同白族简况

贵州省的"龙家"人，是居住在省的西北部地区的一个民族单位，比较集中地分布在毕节地区的大方、黔西、织金、七星关、赫章等县（区）境内。长期以来，他们对于自己的族称尚未正式确认反映强烈。根据国家民委（1986）民政字第252号文件及中共贵州省委（1986）29号办公会议纪要的精神，省、地民委组织召开了"龙家"人代表座谈会。1987年7月，省、地民委组织"贵州省民族识别考察组"共16人赴云南大理考察。经过反复多次的征求意见和协商，登记造册，由毕节地区行署报贵州省人民政府批准，64608人"龙家"人正式认定为白族。

族人称"撒洛举"即汉洛举。大方等地的段氏家族，原报汉族，在追踪族源中，获得《家乘载略》族谱，经分析判断，有170余年。族谱记载："先世居云南大理府。二世祖段致远，大理府都尉，居洱海卫，至今有段家村名焉。六世祖段忠全，派征来黔，职授遵义协都督府，寄居龙坪场。九世祖段玉环，委授大定协守备，因居定邑，段氏子孙性率，多忠厚朴质。"当时调查，大方县瓢井区新开公社有"洛举"的地名，是由民族称谓转化的地名。大方汉语口音中具有贬称的"白儿子"，则是大方历史上有白族的明证。大方县（1982年）1号文认为，"段氏谱书称他们先祖是云南大理段家村人，绝非杜撰"。"段氏来黔为官，隐匿原来的民族称谓，冒称汉族是可以理解的，应尊重其民族意愿，返本归原为白族"。此后，纳雍县龙场镇一带的尚家，经识别也返本归原为白族。

过去贵州的"南京人""龙家"一直迫切要求政府早日认定，落实族称。

1987年7月7日，根据国家民族事务委员会文件和贵州省《省委常委办公会议纪要》精神，贵州省民族事务委员会组建了"贵州省民族识别考察组"，赴云南进行实地考察。

这次重点考察了解大理白族自治州白族的族源历史、社会性质、经济生活、民族文化、风俗习惯等，走访了有关专家，观看了云南白族的电影资料片，参观了白族文化历史遗址，收集了白族著名人士的有关家族祠堂碑碣、家谱、传序等资料，并对当地白族住宅、服饰及信仰等进行直接调查。通过直接观察、查阅资料、座谈访问、综合比较，考察组认为云南白族与贵州南龙人在族源问题、地域关系、居住环境、社会性质、语言特征、房屋结构、服饰特色、建筑工艺、丧葬习俗、图腾崇拜、宗教信仰、姓氏谱牒、心理素质 13 个方面，有相同点或相似点，可作为相互认定的科学依据，并撰写了"贵州省民族识别考察组赴云南省大理白族自治州考察报告"。这次考察成果成了南龙人识别史上的转折，为南龙人认定为白族提供了直接依据。考察报告指出："南京人入黔较早，在长期的发展过程中，其中部分人已经失去了原来汉人的一些特点，吸收了龙家的民族特色，实际上已经融为一体，不可区分，但这种情况，必须限于贵州的毕节地区，必须是 1982 年人口普查时的南京人。"1988 年 1 月，贵州省民族事务委员会 1 号文件《关于龙家认同白族的报告》，向贵州省委提出办理南龙人认定白族的请示报告。3 月，贵州省民族事务委员会召集在贵阳工作的部分"龙家""南京人"代表座谈，进一步沟通思想，促进认定。继之，毕节地区各县相继分别召开了南龙人认定白族代表大会。

1988 年 11 月 29 日～30 日，黔西北"龙家""南京人"认同白族庆祝会在毕节隆重召开，黔西北"龙家""南京人"历时几十年的识别工作宣告结束。

SHENSHIDUOSHI

审时度势

QIUSHENGCUN

求生存

"爨僰军"

　　"爨僰军"有两种不同解读。一种意见认为，"爨僰"指乌蛮和白蛮两个族体，"爨"指乌蛮，后发展为彝等民族；"僰"指白蛮，后裔为白族。"爨僰军"就是彝族和白族的联合军队，作为军队，不可能是纯而又纯的单一民族构成。另一种认为，"爨僰军"就是白蛮组成的军队，"爨僰"就是大理国统治部族白蛮不同时期的重叠名称，把"爨僰军"说成乌蛮和白蛮的军队是一种误解。

● "爨僰"将士留贵州 ●

　　忽必烈于南宋宝祐元年（1253年）率军南下，破灭大理段氏政权，将大理国的军队编为"爨僰军"。部分军人受蒙古军重用，再次统领"爨僰军"，向云南东部和贵州西北部征讨，并留居乌撒（今威宁）、播州（今遵义）、水西（今大方）及于矢部（今盘县及黔西南大部）各地，东至湘西一带。

　　当时云南的土军中，除"爨僰军"外，尚有"摩些军"。摩些属乌蛮种族，但并非在"爨僰军"内，亦证"爨僰军"之爨字非指乌蛮。"爨僰军"，亦作"寸白军"，"僰"转为白，"爨"又转为寸，是化繁为简。"爨之为寸始于元代"。今云南腾冲寸氏族谱中有改姓的记载。这些"爨僰军"，"取夷女为妻"，繁衍后代。清乾隆《弥勒州志》卷二十一说："僰人（即白人），始为大理王，分居诸帮，夷人尊之为长。"《白族简史简志合编》说："元代白族主要聚居于大理路和鹤庆路，此外中庆路、威楚路、元江路、永昌路、腾冲府、建昌路及乌撒（今威宁）、于矢（今盘县）都有白族的小块聚居地或杂居。自唐宋以来，随着南诏、大理国政治势力和军事屯驻以及云贵各族人民之间的经济文化交流，许多白族迁到上述各地，并逐渐定居下来。"据史载，今滇、川、黔连接地带，早在元代以前就有白族杂居于其他民族之中。

忽必烈移师向北降服边夷各部时，"寸白军"充当蒙古军前锋，其中一支进驻乌撒，一支进驻普安，监视新降服的彝族首领，维护这一地区的统治。宝祐六年（1258年），驻守云南的蒙古军统帅兀良合台奉命调集收编的白人军队，向南宋腹地进攻。当攻下潭州（今长沙），于鄂州（今武汉）同忽必烈会师后，"寸白军"即被遣散，大部分退回滇东和黔西北地区，融于屯区的屯民中，成为今天贵州的白族先民，少部分留居湘西一带，后裔发展成为今天的湘西白族。

元王朝建立后，为巩固对边夷地方的统治，不仅大封土官，而且在重要地方加强军事力量，乌撒、水西、于矢属于加强统治的重点地区。黔西北的军队，除常备军外，其余沿用已开辟的屯区实行屯驻，

黔西北风光

致使原来的屯民失去土地，散居在其他民族中间，后渐习居住地的民风，成为"能通诸夷语"的白人。考释今毕节市和六盘水市的地名，无论汉语和其他民族的语言，均有不少地名与元代的白人有关，如"白泥塘""白泥屯""白儿子水井"等地名，显然是白族人居住过的地方。有人考证，"毕节"二字属白语地名，似有道理，可深究。"爨僰军"行军路线如下。

大理—昆明—曲靖 { 乌撒（今威宁）—播州（今遵义）—湘西
　　　　　　　　 普安—播勒（今安顺）

● 调北征南赴云贵 ●

"南京人"，祖籍南京或江南一带，明代因战争流落贵州。明代洪武年间"调北征南"时，赴云贵征讨元朝残余势力后留驻屯守的将士，如南雄侯赵镰之子赵承鼎为毕节卫左千户所百户指挥。白族赵氏家谱说："明洪武十四年（1381 年），朱元璋诏命傅友德等率兵征讨云南反叛势力，当时我族多人为将，统兵南征，经黔地时，与我早年游移于黔地之族人便从军于赵承鼎部下。"《咏渡江》诗云：

> 将军奉调出南京，白石江中大雾横。
> 鹤鹤高飞无踪影，艨艟前去一毛轻。
> 果吾父也呼兰玉，念我氏分拜沐英。
> 鼍鼓渊渊人不见，云门走马听无声。

军屯

　　明初的"调北征南"，即是以中原及江南为主体的汉族军士移驻云贵屯垦的军事组织。屯军之规模因战略地位和地理位置而定，有卫、所、屯、铺、哨等。在贵州都司统辖下，先后在贵州设立 29 个卫，每卫 5600 人，相当军分区建制。今安顺、毕节、威宁等白族分布地区，是当时贵州卫所屯田制最完备的地区之一。

　　又说"后裔并随承鼎子孙屯田于芒部（今云南镇雄一带）。赵颧累建军功。战事结束，留守乌撒（今威宁）。明建文二年（1400 年）三月，颧公设于王事，归葬今威宁响塘坡。其后裔散居各地。赵国治一支裔，经贵阳辗转到大方，落居响水柯家桥。赵膳仁一支，因官兵追杀，初落打鼓新场（今金沙），经川黔边境到毕节龙场大屯，后迁到黄塘（今毕节大银镇）"等等。有基本的历史线索。洪武十四年（1381年）"调北征南"，明廷发兵三十万，分东、北两路征讨云南。北路军从四川南下取乌撒，东路军从湖广攻昆明。昆明被攻破，梁王自杀后，东路军北上与北路军会合，攻下乌撒，元军破灭，各路残余势力皆降。次年（1382年）进攻滇西。平定云南后，明王朝在贵州设都指挥使司于今贵阳都司路，下辖卫、所等军事机构。在贵州西部设乌撒卫、毕节卫、赤水卫、永宁卫，史称"西四卫"。明洪武十九年（1386年），镇守云南、贵州的西平侯沐英根据云南的自然条件，向朝廷启奏："云南土地甚广，而荒芜多，宜置屯，令军开垦以备储。"《咏屯田善后》云：

> 指挥留守驻东川，祗恐思茞复叛黔。
> 枕席寝戈亲武事，披荆斩棘垦屯田。
> 丰登预卜双歧麦，灌溉勤修一道泉。
> 耕九余三终饱暖，军民同乐太平年。

朝廷十分赏识，申谕驻军屯田耕种，规定边地守军三分守城，七分屯种；内地守军二分守城，八分屯种。贵州驻军遵照执行，并执行"爷死子继"的承袭制度，长期驻守、屯种。江浙一带的许多民裔，在军队屯种效益的吸引下，纷纷进入贵州各地，或垦殖，

民屯、商屯

民屯多为破产的流民和流落的军人；商屯系商人用钱财招雇游民立屯垦植，将收获的粮食交官府换取食盐转卖，牟取暴利。

或经商，于是贵州除军屯之外，出现了民屯、商屯。明洪武二十一年（1388年），云南麓川宣慰使思伦发反叛。明军讨伐反叛后，朝廷为加强滇、黔防卫，从各地调兵增驻，长期镇守。鉴于贵州西部是西南夷道上的重要关隘，故被列为加强军事力量的重点地方，由武略将军顾时统兵镇守七星关（今七星关区、赫章交界处），镇南将军钱仁鄂守乌撒，南雄侯赵镛之子赵承鼎为毕节卫左千户所百户指挥，御史谢德之子谢荣为赤水卫千户所指挥。这些守军都开荒种植，实行屯驻，所产自给。《赵氏家谱》载：

毕节当年路未通，金陵捷报树奇功。
星关一阵昏天地，烽火三边靖撒蒙。
大将干戈迥日下，指挥子弟不江东。
河山挽就归明主，遥忆梅花感慨中。

明军"调北征南"进军路线如下。

南京应天府—湖广〈 永宁（今叙永）—乌撒、乌蒙（今威宁、昭通）
水西（今黔西、大方、毕节一带）—播勒（今安顺）
—普安—曲靖—昆明

● 抱印寻觅建文帝 ●

《广顺州志 · 艺文志》云：

北方起兵入南都，天子蒙尘幸蜀吴。
历楚游滇行蜀国，白云山里滚泥涂。

贵州白族中的部分"南京人"，是因同情建文帝朱允炆，不满明成祖朱棣的统治而受迫害，逃到贵州留驻的将士。

北平兴甲似无名，发难偏称靖难兵。
如此强藩真跋扈，晋阳书叛岂从轻。

如赵镰之孙赵德安，抱印寻觅建文帝不遇，部属亲族成了罪人，在奔逃流离中散居于云贵边境各地。同时，是受累于建文帝这件事的臣民及亲属在成祖残酷迫害下，逃离南京后，历尽艰辛，一部分逃入黑羊箐（今贵阳），与赵德安部流民相遇，"会聚于中曹司……理开畎浍，尽力沟洫……因虑族寡而受欺凌，于息烽将三十六姓合为赵、谢二姓。"据调查，现息烽县麓窝西望山上，有一巨石碑刻，其上刻有"日、月"两字，并各加一个圆圈包围，其右边刻有"万古丛林"

四字，其左边刻有"永乐五年正月盟誓"。

明洪武三十一年（1398年），朱元璋死，皇太孙朱允炆继位，年号建文，是为建文帝。朱允炆继承皇位后，为巩固其帝位，采取一系列削藩政策，先后废周王朱橚、齐王朱榑为庶人加以软禁等。对于建文帝的削藩，远在北平的燕王朱棣整军反叛，以"清君侧"为名，于明建文元年（1399年）起兵，经过四年内战，于明建文四年（1402年）六月攻入南京，迫使建文帝扮做僧人逃亡。1403年，朱棣称帝，年号永乐，是为明成祖。建文帝逃

西望山

出南京后，企图入边远的黔地躲避。一大批建文帝的旧臣不仅自己被杀，而且株连亲族，被处死者达数万人。许多在逃的臣僚被画像张贴布告通缉，难以藏身，不得不远走他乡，进入贵州隐匿。《黔西赵氏家谱》云：

> 叔夺侄位起烽烟，
> 祖业孙承起祸源。
> 社稷倾颜君爱夺，
> 江山围困臣含冤。

为建文帝护驾的臣子秘密发出通知："吾等凡在应天府杨柳街、藕塘上、玉华宫者悉率偕片"，"燕藩承统，建文播逃，凡同事忠义者，率族属以来黔。"于是，忠于建文帝的臣民，闻风而动，一批批长途跋涉，追随建文帝进入贵州。由于未寻得建文帝踪迹，进退两难，只好按批分散，在黑羊箐（今贵阳）附近暂居，以今贵阳为中心的修文、清镇、长顺等县市，与当地居民杂处。后，从南京入黔的将士臣民在息烽西望山合姓结盟，三十六姓合为赵、谢二姓，其中的十九姓合为赵姓，以赵宜先为盟主。扈寻建文帝这批南京人中的赵姓，有如下分支：一支为赵士着支，最终落业今大方响水前进村以堵。一支为赵懿支，明万历年间迁到糯花仲，即今大方普底乡小桥村。一支为赵仪先，于明天启二年（1622年）的第八世孙赵吉良时迁到打鼓新场，即今金沙县城。一支为赵开甲支，落业大方县普底乡鹏程下寨。

有关建文帝在西南的下落，有诸多传说，耐人寻味。

贵州长顺白云山一带层峦叠嶂，林木翁郁，远望白云山，不觉其高，登山始见群峰环拥，尽在足下。山中蚊蚋不生，蛇虎绝迹，盛暑不热，

远眺白云山

隆冬不寒。远近闻名的罗永庵，架阁二重。相传明建文帝，逃至西南，由滇入黔后居此。后世保存着许多伪托的古迹和遗物。如庵前峭壁间有跪勺井，原无水，建文帝至，溪龙为之涌波，不盈不竭，取水必跪而勺。中通龙潭，时有双鲤出没，出则雨，没则晴，其应不爽。庵后有流米洞，米自洞中流出，供建文膳食。后愚僧嫌孔小而凿大之，米不出。洞左之潜龙阁，供有建文帝遗像。庵后古杉数株，系建文帝手植，枝叶皆向南。其一经建文帝手摩挲至梢，故无附枝。庵内有建文帝题壁诗兹录如下：

牢落西南四十秋，萧萧白发已盈头。
乾坤有恨家何在，江汉无情水自流。
长乐宫中云气散，朝元阁上雨声收。
新蒲细柳年年绿，野老吞声哭未休。

白云山下驻有思京乡政府。据传说，跟随建文帝朱允炆到达该地的臣民们，身在白云山，心在南京城，但又不能返回朱棣统治的南京，只能定居此地，并将此地取名为"思京"。

白云山

白云山在贵州省长顺县广顺东二十里。山顶面积百亩，因常有白云覆罩，阴晴不散，故名白云山。

狮子山在云南武定城西南二公里处，"因山状如狮，故名。山高千仞，林木繁茂，溪水潺潺。山上的正续寺规模宏大，气势雄伟，建于元至大四年（1311 年），明、清时曾多次扩建。全寺有大雄宝殿、观音殿、藏经楼等大小宫殿楼阁百余间，塑像九十多尊。相传明永乐元年（1403 年）建文帝朱允炆避难入滇，在此为僧。殿前南边有一棵挺拔的孔雀杉，传为建文帝所植。藏经楼下塑建文帝像，身披袈裟，双手合十，左右各塑一太监和老臣。建文帝祠阁有联云：

僧为帝，帝亦为僧，数十载衣钵相传，正觉依然皇觉旧；
叔负侄，侄不负叔，八千里芒鞋徒步，狮山更比燕山高。

寺后有石级可登凭虚阁，在此极目远眺，山峦起伏，云海翻腾，确有凭虚凌空之感"。建文帝朱允炆的遗迹，无处不在，未见史载。

传说中的建文帝西逃路线如下。

南京—江西—湖广—贵州白云山（今长顺）—云南狮子山（今武定）

传说中抱印寻觅建文帝的"南京人"西行路线如下：

南京应天府—江西—湖广—贵州中曹司（今贵阳）—水西（今黔西、大方一带）

● 奉命出征求生存 ●

　　各个时代进入贵州的白族，在乌蒙山区散居后，自然分属各族君长和土司，无疑参与了历代统治阶级之间的战争和各民族的反抗斗争。元代的奢节起义，"爨人""七姓民"将士被卷入战争达三年之久，而且因英勇奋战而伤亡甚众。明初，乌撒土司实卜采取"以战求和"之策，与明军大战失败后，白族"七姓民"被赶到"七姓民梁子"一带。

水西湖山水

　　明天启元年（1621年），四川永宁宣抚使奢崇明率先反明，声势浩大。次年，贵州水西土司安邦彦响应，联合各族土司、头人，借三国时期的"罗甸国"之名，自称"罗甸王"，攻下安南（今晴隆）、普定、威清，继而围攻贵阳。当年十月，贵州巡抚王三善统兵进行残酷镇压，对贵州少数民族进行清剿。这次镇压由黔西北民族上层与官军冲突引起，官军不仅仇视各民族上层及其族属，也敌视贵州各少数民族。《明实录·天启实录》中载傅宗龙上书言屯军时说："夫蜀以屯为守，而黔以守为屯，按安酋土地小半有水外，其盘踞水外为我肘腋之患者，则仡佬、龙、仲、蔡诸苗杂种也。平时则输之粟，有急则助之兵，贼有外藩，我无边蔽，此黔兵之所以不得不分，而力之所以愈诎也。臣所谓以守屯者，先发兵据河，夺贼之所恃，而后于诸种顺者抚之，逆者剿之……"在官军镇压下，大部分"龙家"（"南京人"）从贵阳、安顺、黔西一带迁入水西腹地。金沙县岳氏谱载："明泰昌以后国家多难，迭遭兵燹，明泰昌以至大清乾隆百余年之间转徙多方。"大方县赵铿家谱载："吾先世业农，耕读传家，恶往来者之骚扰也，及由打鼓合议分居散处，其先散者，远抵镇雄之白兴、毕节之镇西、巴的（今威宁）、大定之且兰、大定、威宁、乌撒等地；其中散者在吾乡前后百三十余里地方；其在黔西、修文、平远者为最后，所以语言制度犹未尽变革。"

　　由于王三善镇压引起社会大动荡，"南京人"大迁徙，致使明末以后"龙家"人多散居在今毕节市。而且，居住区域内的多向性迁徙持续不断，严重影响了社会财富的积累和生产力的提高。进入水西地方后，"南京人"接受当地土司的习俗规定，依其制度，听其约束，分散在土司荒野上，"播标为界，请照管业"，开垦种植。多数落脚在今大方、织金、毕节、纳雍、水城及威宁、赫章等地。

　　明末清初之后的"南京人""龙家"人，主要聚居在毕节市，在安顺市、六盘水市等地也有分布。周围居民主要是汉、彝、苗、仡佬、穿青、蔡家，均与南龙人相处融洽。在大片荒野地上"播标为界，请照管业"，对水西的发展起促进作用。南龙人许多家谱记载："凡黔江上游之田，悉吾先祖相继开垦。"清末始，南龙人由于特殊原因而境况日下，受到汉官、商人、地主的歧视，被诬称为"夷不夷，汉不汉，龙家子，大脚板蛮"等。

"僰人"悬棺葬

● 附会籍贯免歧视 ●

贵州白族返本归原部分，从汉史志及以往的研究成果大致可梳理出基本线索，即从"僰人"开始，到"西爨白蛮"，到"爨僰军"，到"民家"（"七姓民"）这么一个过程，由今四川宜宾到滇东黔西之地，到大理洱海区域，又返回到贵州西部定居至今，尽管历史时空上有缺环，其基本线索是清楚的。其间又有古老"龙家"和明代以后"南京人"的流入，可谓是典型的多源合流的人们共同体。然而无论从谱书记载，还是在民间的口碑中，都发现有大量的所谓"南京籍"和"江西籍"的传说，兹叙几例如下：属返本归原的盘县白族李姓的族谱，是贵州白族中修得较早并续修过几次的谱书，从中可看出李氏门中人才辈出，有很深的汉文化底蕴。翻阅李氏谱书，总离不开"南京籍"的影子。修于清康熙三十年（1691年）中秋月的李氏家谱载："吾先祖成梁公，万历间数败土蛮，有功于国，神宗十年，封吾贵祖宁远伯……宦游大理，以镇边夷，数年间贵公命阳公留守大理，吾贵公赵氏与隆公回籍南京，隆公无室，先贵公而行，路闻清兵之乱，落业贵阳属黄果树……贵公携家眷，亦闻途次甚是不宁，兼听梁公八十四岁告老罢职，不知存亡，难以回乡，只好改祖归田，落业旧普安撒马哨，因落业于善营（今旧营）。"谱中有宦游大理之说，又有回籍南京之载，暗指族"根"在南京，在大理期间是"宦游"而已。二次续修家谱于清嘉庆八年（1803年）中秋日序言说："木本水源，物理则各有其情，春露秋霜，人心岂忘于分道……吾祖籍南京之应天府珠市上全牌坊。"直言李氏家族源于南京。四续家谱载"世传祖籍系滇之大理府，以武侯征蛮而散离四方者有矣，第世远年湮，邈不可据，所云双僰儿，概非束王子姓邑则大理籍之说不荒矣，然予之初祖李贵公乃光明嘉万时人，不知何自而流寓，于旧普安撒马哨，遗有旧塚焉，闻叔曾祖、叔祖际春，才字辈尝往祭扫，因以为起祖焉，后资澜公续谱又谓祖籍南京，不知何据而云然，兹且记之。"所记还是断不清楚，似情系云南大理，却不得不提及南京。再看威宁"七姓民"之家谱。威宁小海镇之响水村"七姓民梁子"的苏氏墓地谱碑记有该家族的迁徙过程，但字迹不清，录文经苏氏族长修正，全文于下："我族太古荒远难稽，或曰七闽族，或曰民家族。总之，即蒙古利亚之一大世族也。溯夫原籍，系南京应天府白马街柳树巷珠市桥四方井大石板为记。呜呼！沼吴风冷恨难攀，烈祖开滇春长，谁敢叩兴王之马？慨自大明洪武年间，我族由滇入黔，初来乌撒，始祖苏公住于宰羊坡（今威宁城内），历数传延至我万明老祖公，方领致化里毛拖庐等处地方，特下乡卜居于勺一都水井之上。而居此时，约在明末清初，公乃娶李氏，生承寿；寿娶李氏，生国兴；兴娶李氏，生荣春；春娶赵氏，为时所迫，移居东川夜模卡，生友仁；仁娶杨氏，流落他乡，徒莫奈何！故春、赵杨三祖寄厝东邑并归葬。惟吾曾祖友仁带领绍东祖父及祖母杨氏复回原郡，乐业本乡。二祖母杨氏，鲁甸阿钩寨人氏。绍东娶杨氏，生永光；光娶张氏，生定国；国娶二张氏，生德斌；斌娶高、张氏，生德昌；昌娶张氏，生定一；一娶李氏，生德富。因明末事变，宗

黔西北白族村寨

谱为燹。所失嗟予不文，所知有限，其后蓥斯庆而瓜瓞绵敬。"

　　碑左侧记有"中华民国十七岁戊辰正月立，嗣孙苏定国敬述于水井头上祖茔山中"。碑右侧记有"下乡历代宗支表"，可惜风化，不获录之。

　　从苏氏碑文中，可略知白族苏氏祖先之迁徙过程，尤其是苏氏从威宁宰羊坡下乡后的迁徙路线。但碑文所载前后矛盾。细心辨析，则不难发现苏氏家族源于大理，所谓"南京应天府白马街柳树巷珠市桥四方井大石板为记"纯属附会之说。

　　返本归原的钱氏家族认为，"入黔始祖钱仁峨，原籍江南应天府（即南京）十字街杨柳巷。明洪武十四年（1381年），太祖朱元璋诏令傅友德、蓝玉、沐英统领大军征讨云南，钱仁峨以职随征。云南平定后，沐英留镇云南，仁峨公随同留镇。十二月，诏奉征南功臣，仁峨公封征南将军，礼部颁发印信、朝笏，戍守乌撒（今威宁）。""壬午年（1402年），朱棣登基后，株连甚广。仁峨公无心仕途，要想返回原籍已不可能，经过颠沛流离，最后择地而居毕节蔡官屯。"后代子孙繁衍生息，除居住在毕节外，还迁居于大方、黔西、纳雍、织金、赫章、水城、清镇、安顺等地。据此谱书，白族钱氏迁徙入黔，脉络清楚。然考白族"七姓民"张、苏、李、赵、许、钱、杨中之钱氏，赫章窝奔一带的钱氏是早在唐、宋之际即在乌撒活动的

远眺白族大寨

白族先民，如何解释这种矛盾的历史现象，尚不可轻断，要进行个案调查。

关于"江西籍"的说法，在白族谱书及传说中也时有所见。

居住于贵州西部的一些民族均说原籍属南京应天府或江西吉安府，尤以前者居多，如黔西北的汉族、白族、彝族中的部分都有祖籍南京应天府或江西吉安府的说法。这在一些民族中则是谬误，如在彝族中的传说几乎是附会的；在另一些民族中则当作具体分析，汉族中的某些姓氏来源于南京，但从黔西北范围看，汉族有南京籍、江西籍、山东籍、江苏籍、湖广籍、四川籍，不可笼而统之，古代的南京和江西不可能有那么多的人口迁徙到贵州。但明代对贵州的强化统治，外籍流入贵州的汉民不少，并且汉文化是强势文化，成为少数民族仰慕和追求的主流与正统，附会之说由此产生。后来科举制度中的一些规定及民族歧视政策，进一步深化了附会说，大量被录入家谱，以讹传讹。因此，上述各族认为他们的祖籍的说法应作具体分析。贵州的白族除"南京人"来自南京外，均不属南京籍，白族其他部分于明洪武年间后"由滇入黔"也是不符史实的。

不少白族将自己祖籍说成南京，正是出于这样的原因：即明初包括南京在内的东南汉族大量迁徙云贵，并且在云贵地区占据统治地位，显得高贵，某些白族人将自己祖籍说成南京，并改族称，可避免歧视，甚而备感荣耀。于是违心地将自己的祖籍说成南京，留给后人一笔糊涂账。当然，也有部分家族不知祖籍，只能人云亦云。

白族"七姓民"从威宁下乡有四五百年，正是明初、中期所谓"南京应天府"和江西来的汉人大量迁徙到黔西北地区之年代。这样白族的被逼下乡和汉人的迁徙到来时逢同一，于是造成假象，白族本身及其他民族便误认为白族属洪武年间由南京入贵州。年长日久，以讹传讹到现在。

今威宁、赫章一带彝族中广为流传的"罗举不是彝，罗举不是汉，罗举是彝族的皇帝"的说法，很能反证白族苏氏碑文和民间认为白族来源于南京而且是洪武年间来的错误。罗举被认为是彝族的"皇帝"，只能在南诏国、大理国时期。除此时期外，这种语言产生的社会历史条件不存在。

SHANDIHUANJING

山地环境

JIANJIAYUAN

建家园

● 农 牧 经 济 显 变 化 ●

历史上，贵州白族地区的社会生产因长期受自然环境和周边民族的影响，与云南大理等地的白族存在着日渐扩大的差距而显得相对落后，各地白族经济存在着区域性差异，发展不平衡。

汉时，中原通往西南夷地区的驿道，从今宜宾而来，经朱提到益州，史称"僰道"。清溪路"古道"经邛都（今西昌）达益州，亦经朱提境。两路沿线的白族的经济发展已有相当水平，部分路段则直接影响当时在黔西北活动的其他民族的先民。黔西北地处滇、黔、川要道，系古代民族迁徙和经济往来的大走廊，经济上早已与中原地区有往来。蜀郡从越巂、朱提、滇，经过清溪路、爨僰道，输入牲畜马、牦牛和僰僮，滇、朱提从蜀输入铁、丝织品等战争、生产及生活用品。《史记·货殖列传》载，巴蜀"南御滇僰，西近邛笮，栈道千里，无所不通"。由此可知，汉时今黔西北和巴蜀早已甚为密切，并非闭塞。

自东汉以后，封建王朝在西南的统治日衰，夷帅及南中大姓势力日益膨胀，农田、矿产、牧场等皆被白族等先民夷帅、大姓所占。从晋代到隋代的三至七世纪，是以两爨分立为标志的白族、彝族奴隶主分散割据时期。诸葛亮"移南中劲卒青羌万余家于蜀"，使白族地区的劳动力大为减少，同时出现社会经济发展的新的不平衡。这一时期的社会生产出现了停滞现象。总的状况是，西爨白蛮地区，经济发展快，东爨乌蛮地区经济发展慢。隋唐之际，因大姓势力的逐渐统一和南诏国的崛起，包括今天黔西北在内的白蛮、乌蛮地区的牧业经济得到稳定发展。

到宋代，罗殿国、罗氏鬼国、乌撒部白族广泛与其他民族交流生产技术，定居的农业经济迅速得到发展。同时，畜牧业也得到发展，今威宁、水城、盘县和滇东北地区的白族等参与了以罗殿为中心的宋王朝在广西"市马"的活动，赶马下水城，经六枝转罗殿，南达广西，马成为向外交易的主要媒介，《桂海虞衡志·蛮志》云：

闻名全国的贵州水西马，体小力健，善于在山区负重行走，至今为白族民间的辅助交通工具

诸蛮之至邕管卖马者，风声习气大抵相同。

当时用于交易的马，数量相当可观，仅邕州一个市马区，据绍兴七年（1137年）记，"岁中市马两千四百匹"。

元代，黔西北的屯田是由镇戍军担任的，其中有畏兀儿军、新附军、汉军、"爨僰军"等，其数量多少，无明文记载。又据《元史·兵志》载，乌撒（今威宁）由"爨僰军"自备"己业田"经营。当时的屯田，最初无家属，以军营为家，后均成家立业，成为军户，到元亡以后，转为民户。军屯，使外地的生产经验和生产技术进一步传到水西、乌撒、于矢部，促进了白族地区农业的发展。同时，土司制兴起。

明初设卫所，进行军屯，发展农业。"南京人"带来先进生产技术，他们跟"龙家"联合以后，一起在土司管辖的大片荒野上"插标为界，请照管业"，还可以任意种植。于是就选择地势低洼、土地肥沃、气候温和、雨量充足、物产丰富的地方兴修水利，将土改田。相继开垦出黔西县的花溪、内庄，大方县的白水河、响水河畔，纳雍县的东关、建新河，赫章县的窝奔，威宁的羊街、大小湾，金沙的陇纪，毕节的镇西、

肉役兼用的乌撒黄牛至今在白族地区广泛牧养

牛马混牧

蔡关屯、双华、三道水、岔河、小河等田坝区。"龙家"（"南京人"）
谱书有这样的记载："凡黔江上游之田，俱吾先相水开壤，而名誉益
新……吾先世俱于土地平坦、水源多、土润泽者辟为生，至今吾先世
子孙俱处田坝……"由于农业生产的发展，"龙家"有一些较好的田地，
劳动产品分配也比较合理，除向统治者服役、交纳门户银、送礼、送
杂项外，地租很轻，每户一年只上石把或几斗粮，这又进一步促进了
人民的生产积极性，因而"龙家"居住的地方，生产不断发展，人民
收入逐年有所增加。彝族古歌《凯额》记载："不俄白丸戈（大方城），
汉人坐铺子，彝人做买卖，阿武普（"南京人"）卖粮，阿武哪（蔡家）
卖柴。"自给自足，休养生息。据嘉靖《贵州通志》载，明代的乌撒
屯田，仅军屯开垦的耕地就有 5602.8 公顷，乌撒每年交粮 2 万石，毡
衫 1500 领，同时规定用茶、麻等交换的马匹数目为 6500 匹。嘉靖《四
川通志》载，芒部、乌撒"子日贸易，夷人街子相遇于此贸易"。威
宁受云南影响，称赶场为赶街子，至今沿袭此称呼。定期集市的出现，
是农牧经济发展的结果。交换成为生产与消费的中间媒介，又促进了
农牧经济的发展。明末清初时期，因战乱不断，经济受到了很大的破坏。

威宁白族地区高山农作物交错栽种，构成一幅美丽的图画

放养猪

清雍正年间，黔西北实行"改土归流"，继而实行招徕垦种之办法。《乌蒙纪年》载，"无论汉、回、夷、苗、僰，概为招抚，共得数万户，给以耕牛谷种，俾各安业。"封建领主经济逐渐转为地主经济，土地买卖开始盛行。至民国，白族地区的地主经济普遍确立，产生了一批新兴的地主富农，领主制的经济仅残存而已。随着封建地主经济的确立，白族社会出现了部分地主、乡绅、官吏，如毕节县双华的赵礼凡，任过黔西、大定、毕节、威宁、水城等县清乡大队长、大定府议员、区长等职，是有名的大地主。大定县响水区大地主谢洪发家每年收租1000多石，他家粮食如不上街，市上粮食就要涨价。理化区大地主谢廷恩家，当地人称为谢二百万或霸王家。赫章兴发的钱步武是有名的大地主，曾任兴发、妈姑区长。威宁二塘谢芳曾任二塘乡长。贵州白族地区在中华人民共和国成立前生产力水平基本处在自然经济状态，只有自然分工而没有社会分工，即以农为根本，经营畜牧业和家庭小手工业，没有专业商品生产。极个别的男劳动力在果熟季节背水果卖或不定时地从事牧畜低买高卖的商品活动来谋取货

村巷背影

地租

实物地租：地主把土地租给少地无地的白、彝、汉等民族的穷苦农民，一年一次或三五年定一次租额。一般租额按亩产收成收五成上下。货币地租：粮食连年丰收，白族地主租粮过剩时，常收取货币地租。劳役地租：为种自己所耕的土地时，劳役地租是常有的地租形式。每年服役天数则视劳力多寡而定。

币，以补家庭经济开支。过去因社会分工不发达，白族地区的商品是传统农牧产品，即牛、马、羊、猪、鸡等畜禽和各种农作物。这种生产不是以交换为目的，而是当家庭经济拮据才将劳动产品出售，与这种自然经济相适应的交换是以物易物为主，以货币作媒介为次的形式出现的。集市是一种以十二属相日命名并以此为赶集日的乡村野坝场。威宁白族地区的羊街、蛇街、猴场、龙场，织金县猫场、鸡场，大方县的龙场、鸡场，纳雍县的兔场、羊场均属这类。虽有场，但市场萧条，商品经济难于发展，或被汉商挤垮。如织金八区绮陌乡团总谢云九，庚子年间开了一个场，收税较轻，赶场的人很多，后来被城里的汉商包去，税收加重了一半，引起官司，搞垮了市场。纳雍东兴场原为白族赵占魁所兴，后被汉族地主团总龙儒生霸占。

冬季狩猎

中华人民共和国成立前白族居住地区的交通运输主要是人背马驮。

据查有关资料，1950年进行土地改革时，赫章县有白族（南龙人）208户1 196人，其中地主14户77人，占地69.4公顷，年产粮61 170公斤，有耕牛18头，人均占地0.9公顷，人均有粮794公斤，户均有牛1.5头；富农5户29人，占地6.14公顷，年产粮7 510公斤，有耕牛12头，

赶场

人均有地0.21公顷，人均有粮179公斤，户均有牛2头；中、贫农178户736人，占地60.8公顷，年产粮66 090公斤，有耕牛81头，人均有地0.08公顷，人均有粮90公斤，户均有牛不到半头；雇农3户9人，无地、无耕牛，更无大农具。黔西县中坝区花溪大队土地改革时，有白族（"龙家"）115户451人，占地84公顷，其中地主5户19人，占地达27.3公顷，年产粮82 000公斤，人均有地近1.5公顷，人均有粮4 315.5公斤。但白族（南龙人）的地主富农经济剥削仍次于当地汉族地主，如安顺市跳灯乡讨兑寨白族（"龙家"）地主谢槐安每年收入150多石，同寨汉族地主张士民每年地租就有300余石。威宁羊街白族地主张国真，年收100余石地租。从其统治区的生产关系看，直到中华人民共和国成立前期，威宁、赫章、水城等地的白族社会，存在着封建地主同时有奴隶制残余。

大方、黔西、毕节的白族（南龙人）社会，"地主很富裕，富农有多余，中农能自给，贫农欠三春"。

白族地区的稻作农业

毕节朱昌区双华乡大寨村，土地改革时共有 109 户 354 人，耕地面积 38.9 公顷。其中地主 7 户 24 人，富农 1 户 3 人，地富占耕地 32.7 公顷，中农 7 户 28 人，占耕地约 6.2 公顷。贫雇农 94 户 299 人，无耕地，全为地主的佃户。鸭池区保河乡小河村有地主 4 户 26 人，富农 3 户 11 人，中农 23 户 109 人，贫农 52 户 157 人，雇农 8 户 11 人。全村耕地 27.8 公顷，被地主富农占去的竟达 27.2 公顷。从以上两地人口与耕地的占有率，可知白族地主剥削雇农的程度。

地主剥削农民的方式主要有地租、高利贷和各种无偿劳役，以地租为主，租率占收成的三至五成。在威宁、赫章两县，由于受其他民族社会的影响，除实物地租外，还有牛租、马租、鸡租等，名目繁多。以变相劳役的兵役最为残酷，威宁"七姓民梁子"一带，几乎每家都有一人长年累月在本族或他族地主家充当家丁，世代相承。独子或无兵役能力者，则服无偿劳役，每年要抽一个人用三分之一左右的时间

稻作收割

为地主做季节性的苦活。

租佃关系，分为实物地租、货币地租和劳役地租三种形式。雇佣关系，有长、短工之分，长工叫"当长年"，一般在一年以上、三年以下，若是当"兵工"，则日期更长；短工叫"帮忙"，即遇有红白事和农忙时为地主服无偿劳役。

经过土地改革，白族人民按人口分到土地，成为主人，大量垦荒，耕地渐增，粮食生产大发展。白族地区的民主改革和社会主义改造，基本上与同区域的各民族同步进行。威宁、赫章等地，酌情于中华人民共和国成立前生产关系的考虑，采取发动群众，实行和平协商和直接办合作社相结合，向社会主义过渡。社会主义生产关系的建立和完善，极大地解放了白族地区的生产力，社会经济有了更大的发展，20世纪50年代初、中期，农牧经济稳定发展，1958年后，因受自然灾害和"大跃进"的影响，出现过粮食紧缺的现象。20世纪60年代中期后，以生产队为核算单位，土地分为"集体经济"，"种一坡，收一锅"，吃粮靠供应，用钱靠救济。

1978年后，土地承包到户，农牧经济得到快速发展。从抽样调查推断，80%左右的白族农民解决了温饱问题，约有20%还未越过温饱线，不少白族农户逐渐成为农牧专业户。

中华人民共和国成立以来，白族地区工农业生产取得了前所未有的成就。工业从无到有，从小到大。盘县构成了贵州新兴工业城市的组成部分，焦煤运往省内外，为国家现代化建设提供了能源。大方、纳雍、赫章、盘县地区，乡镇企业星罗棋布。大方、黔西、毕节、金沙等县已成为毕节市先进的农产区。

目前的白族地区从过去长期所处的封闭型的社会环境中解脱出来，成为云贵川三省的交通要道，跨省区域与外地交往，基本上实现了乡乡通公路的运输网。工农业基础的奠定使多少世纪以来无法改变的农村产业结构在新的生产方式下发生了变动，越来越多的白族地区的剩余农业劳力逐渐脱离半脱离长期从事的农业经济，转入第二、三产业，逐步成为白族地区初级工业化的生力军。

● 山地耕牧今犹存 ●

　　贵州白族的农业属山区旱地农业经济，土地可按耕作精细程度分为肥地、瘦地、轮歇地和荒地。肥地即指常年耕种的土地，亦称熟地，当地称头地或二等地，分布在河谷、坝区和住宅周围，主要种植苞谷、麻、烟、辣椒、蒜、油菜、黄豆，有极少部分水田为粮食生产的主要基地。肥地一般为浅黑色、浅红色、灰色，钾分较多，肥土有7寸到10寸厚。瘦地被说成下等地，主要分布在山坡和寨外，种植洋芋、荞麦、黄豆等，以杂粮为主，广种薄收。瘦地多呈黄色，含钾少，肥土薄。轮歇地，指间断耕种，即种植数年后，因单产量逐年减少，成瘦地，遂"丢荒"，数年后又耕种。轮歇地多分布于深山陡坡，主要种植荞麦及洋芋。荒地，除指丢荒而重新开种的生地外，主要指多年不种的土地。

农忙时节的田间午餐

大方辣椒

磨房：石磨、磨架、簸箕

除肥地外，瘦地、轮歇地和荒地，常有互相转化的现象。瘦地丢荒后开种，即成轮歇地。轮歇地连续耕种，遂成瘦地。瘦地丢荒而多年不种，就成荒地。荒地开种数年，成瘦地，又丢荒。三种地的耕作，是"赶山式"的农业。

肥地经营，较为精细。一年内依次有如下程序：秋收后深犁翻板土，过冬雪冷冻后又翻犁，碎土整土，而后耕作。种后松土除草。秋收后又翻犁板土，来年经营。瘦地经营，虽行翻犁板土，但不行春种前的翻土，甚而不行翻犁板土。轮歇地和荒地的经营，常有刀耕火种的原始农业特点，先搜砍杂草丛林，后牛犁或锄挖生土，待数月，搜烧杂草，后耕种，秋收后不种，则丢荒。

白族农家使用的舂碓

南瓜是少不了的蔬菜

生态蔬菜

近几十年来，人口增多，土地面积相对减少，除精耕肥地外，注重瘦地经营，变瘦为肥逐渐增加肥地面积，瘦地渐减，轮歇地和荒地极少。

白族地区传统的肥料有人粪、厩粪、畜粪、火烧灰、肥泥等，因厕所简陋，人粪积少，使用比重不大，通常只用于种蔬菜、烤烟、辣椒等。厩粪，又称农家肥，是主要的肥料来源，以牲畜圈肥为主，积青草和树叶于厩中，让牲畜踩烂，与畜粪混合，冬天挖出厩外堆积，使之发热后粉碎，又堆积发热，即可使用。粉碎时能加入人粪混合，则肥力大增，视为上等肥。厩粪一般与种子同时撒播。畜粪，即牛、马、羊、猪、鸡粪，因猪、鸡多为厩养，

油菜花丛中的劳作

粪积于厩，故畜粪一般指牛、马、羊粪，以牛粪为多，以羊粪肥质最好。畜粪比重不大，但肥质特好。烧灰，即秋、冬季修整地坎，待晒干后烧之，将灰撒在地中，以增肥力。铲肥泥，即在深山老林内，将多年积蓄的表层肥土运到地中，加厚土层。

近年来，白族注意酸性土壤的改良，在深耕的基础上，用碱性石灰混合农家肥使用，把土地改变为中性土壤。重视坡改梯，以保肥土，又栽种绿肥，并大施尿素肥、磷肥、钾肥、复合肥等，收到显著效果，单位面积产量大大增加。

农业生产工具有犁、锄、钉耙、蓑耙、斧头、弯刀、镰刀、背架、箩、撮箕、绳索等。可分为铁器、木器和篾器三类。木器和篾器是最原始的生产生活工具，使用至今，仍不可缺少。使用铁器的历史，从出土文物看，可追溯到汉代。数百年来，铁器一直是白族使用的重要生产工具。白族居住在高山和半高山，农作物有苞谷、洋芋、荞、麦、豆、稗子等，水稻极少。

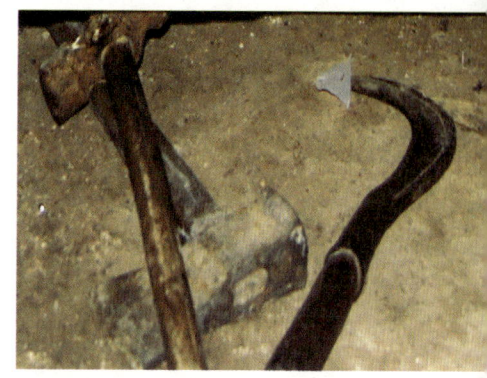

斧头、锤子、镰刀

洋芋丰收了

白族做种的苞谷挂在瓦屋顶下，一是透风防止霉烂，二是防鼠偷吃

甜荞花

荞麦

大豆

洋芋

苞谷即玉米，据传为明代中期传入。品种繁多，有退化快的特点，故换种也快。有沟种、窝种、宽窄行等栽种方法。

洋芋，即马铃薯，栽种的历史晚于苞谷，无明文可考。洋芋进入白族地区后，因产量高而迅速推广，在短时期内即取代了传统的主要作物荞、麦，成为主粮之一。以沟种为主，亦可窝种。

荞，分甜荞和苦荞，系黔西北最早栽种的作物，早在刀耕火种的原始农业时代即有之，故威宁板底俚嘎的民间古戏《撮衬姐》中说："荞子是粮食的祖先。"日本著名学者左左木高明等在威宁等地考察多年后认为，荞麦是山地农业文化的产物，最早栽种于氐羌先民之中。荞以撒播为普遍，也可沟种，以沟种产量最高。

麦，有燕麦、小麦、大麦之分，也是白族种植的早期作物之一，以燕麦传入最早，小麦、大麦次之。以条播、点播为主要栽种方法。

水稻，从来源传说看，在白族中栽种的历史相当久远，但直到今日，仍不属主粮。

豆，分大豆类和小豆类，凡大颗者归为大豆类，小颗者归为小豆类。依颗大颗小和豆的颜色分别给予名称。豆的栽种历史早于苞谷、洋芋，但无明文记载。

白族传统农业耕作粗放，广种薄收，苞谷亩产150公斤~250公斤，洋芋500公斤~1000公斤，荞麦100公斤~150公斤。大多实行单种制，故有"苞谷地""洋

夏季的忙碌

晒苞谷

白族农家粮食颗粒筛选房，备有各种生活用具

手摇鼓风车

芋地""荞麦地"之分。近几年来，实现套种，以苞谷、洋芋隔沟套种为主，又有苞谷、洋芋与小麦、豆类等套种，耕地使用率提高，亩产成倍增长。同时，有双季栽种现象，麦类和洋芋早熟作物归仓后，栽种苞谷、荞麦等晚季，一年收两季，以一季为主，二季为辅。

白族种、收各种作物的时间，由于地理环境的影响，相对稍晚于河谷地区，依农历为序，正月至二月栽洋芋；二月至三月种苞谷；四月至五月薅头道、种水稻；五月至六月薅二道；六月收小麦、燕麦；七月砍麦桩、翻犁，九月收苞谷、小麦、油菜，同时收割早荞；十月翻犁板土、种蔬菜、积树叶肥；十一月至十二月为农闲时间，男子外出找钱，妇女守家做活。近年，气候普遍变暖，农事日渐提前。

白族林牧经济紧密相关，牧、林地界不分，有草即牧场，有树即林区，牧场可种树，林区可放牧，系自发式的林牧经济模式。

牧业历为农户所重视。明代，今大方、黔西、毕节等地，为亦奚不薛宣慰司，是元朝的八大牧场之一，水西马、乌蒙马全国出名。相传，近百年前，毕节长春区板房冲的赵姓有三店多马（一店12匹），主要从事运输，生意红火一时，后分移到今纳雍县维新区东关，兼营马店业，因此而称"马店家"。威宁被列为中国南方八大畜牧业基地之一，而威宁广阔的草原和丰富的畜牧产品，部分分布于白族地区，万亩以上草原如百草坪、勺铺、梅花山等10余处草场范围，均有白族居住。

传统放牧依气候、环境、习惯不同。半农半牧区，春夏秋三季因水草丰厚，以放牧为主，夜间圈养。冬季，除大雪封山时圈养外，大多放于森林，喂养木叶。通常，日出而牧，日息牧归。以牧为主的地区，春夏秋三季，不分昼夜，放牧于野外。农忙时没有牧人，相隔数日，派人去收拢、清点，知牲畜去向后，又回家做农活。冬季，因农闲，一般派人放牧。因长期放牧于野外，各户牲口混牧现象普遍，但偷盗他人牲畜现象极少。有虎、豹、狼等伤害牲口时，则全民动员，围杀野兽。

放牧

牧人通常骑马，并有猎狗相随，要收拢牧群时，呼唤猎狗代劳。终生放牧的老人，一眼能辨认数百只不同的羊，更能辨别牲畜之优劣、年龄。如看马牙或眼，即知马的岁数；看马的胸围、身

织金白族养鸡专业户饲养的乌骨鸡，远销省内外

长，即能推测马的体重。认为马以身高、胫短、耳立、胸宽、臀阔、蹄大、肘硬为良马。白族饲养的牲畜，有牛、马、羊、猪、狗，禽类以鸡为主，部分农户饲养鸭、鹅。

　　白族有养茧的传统。在毕节戈座、三道水、木勒、小河等地的赵、

养茧专用房间，对温度、湿度要求很高

钱、李、王、谢、沈等均各有桑园，年均缫丝在 25 公斤～30 公斤。

　　牲畜是白族主要肉食来源和不可缺少的经济来源。按传统，除马和狗外，白族均杀食其他牲畜和禽类，尤以吃牛、羊、猪、鸡肉为普遍。每逢过年杀过年猪，全猪制成腊肉，过年后全年食用。因此，平常极少购肉油。同时，特别重视年猪的喂养，有的人家，一年喂二三头肥猪，全年腊肉不断。无法喂年猪者，被视为"过年猪都喂不起"的特贫户，从平常待客是否有腊肉即可衡量自给自足的白族农户的经济状况。据20 世纪 50 年代调查资料载：织金县八区的一赵家，养羊 300 只，远近出名。大定、赫章、威宁等地的白族，有的养过大畜群，还经营园艺养蜂、生漆、桐籽、山货、中药材、中医、兽医、酿酒、畜力运输等。

　　白族从事牲畜交易的历史很早，古代普遍存在以畜易畜的交换方式。通常，牛、马交换为一换一，用搭羊或补款等方式交易。牛、马换羊时，以一换四至六为多。猪换其他牲畜，视牲畜大小、肥瘦而定。近几十年来，主要以货币做交易媒介。

　　皮毛出售，是家庭经济的一项来源。长期经营牧业经济，促使白族地区畜牧经济附属行业的产生和发展。因此，毡匠、皮革匠、专业牲畜

缫丝、织布房，干净整洁

白族住宅周围的石榴树

赫章板栗，驰名省内外

威宁黄梨

买卖者络绎不绝。中华人民共和国成立后，还建有毛纺、皮革等厂。

与牧业经济甚为密切的林业，在传统白族社会经济中不占重要位置。同时，除房屋周围、田边地坎、家族墓地等外，因林多人少，林木所属地域无界，凡荒山林木，全民均可砍用，无人干涉。因此，林木以自然生长为主，很少成片种植，仅在房屋周围种植杉和果树等。近半个世纪以来，人口激增，滥伐森林现象日趋严重，林木面积减少，林界意识增强。至目前，部分白族地区，森林毁坏殆尽，仅有私人住宅周围有少量树木。

林木种类繁多，以杉树、青松、黄松、樱桃、板栗、石榴、核桃等为主。

现引进了成材较快的外来林木品种，经种植，普遍长势好，一般在10年内可望成材。

● 手 工 制 作 有 传 统 ●

白族的手工业从农牧业中产生，又依赖于农牧经济而存在，服务于人民的生活，有其突出的手工特点，但又始终不脱离农牧经济而发展成独立的行业。其中，以麻制品、毛制品、竹器、冶炼等最为突出。

麻制品，即以麻的生产和麻为原料制作的衣物等。据文献记载，白族先民从游牧转为定居以后，随着农业经济的兴起，逐渐有了麻的生产及麻制品的手工加工。麻分"火麻"、"竹麻"，以火麻为主。春天时节，择肥地翻犁，施农家肥，撒麻籽，待麻苗长高后除杂草，到秋季时，麻秆稍显黄色就收割晒干。因麻地大多是房屋周围的园子地，故习称"麻园地"。雨季农闲时，将麻置于雨中数日后剥皮，成粗麻线，与白色木灰混煮洗净晒干，成白色细麻线，然后放于织布机上织成宽约8寸的麻布。根据需要，将麻布剪缝成需用品，有帽、头帕、衣服、裤子、袜子、口袋等，少量出售，以自给为主。除此，还可将麻制成各种粗、细绳，从事农业生产。据调查，"龙家"妇女擅长种麻、绩麻、纺纱、织布，她们织的布，除能解决一家人穿衣外还有多余，有的妇女还搞编织、绣花、打草鞋等，并具有较高的工艺水平。

毛制品，包括纺织品和擀制品。纺织品有"平板"和"人"字形两种纺织方法。"平板"即用经、纬线交织而成。双层平板叠织即成"人"字形。织成的布料可长可短，依需要而定。宽则因受织布机限制，一般为8寸左右。布料织成后，可染成青、蓝、绿等色，也可保留本色即白色，做长衫、头帕、腰带、挎包、褙襫等，具有耐用、温暖、

白族地区至今沿袭的麻园地

各色编织原料

刺绣珍品——胸饰

已进入博物馆的白族织布机

白族纺纱机

"阿武"擀制的披毡

美观等特性。擀制品有垫毡、披毡、背毡、毡帽、毡袜等。垫毡，状为长方形，根据需要，擀制大小。旧时，因白族地区不产棉花，白族大都用软毡做被子使用。垫毡具有防潮、保温性能，故使用垫毡，不易得关节炎。披毡，有男式和女式两种，形状略像梯形，上窄下宽，均用白色羊毛制成。男式上部褶折（表层黑色），毡口穿一条毛制绳索披时系结。毡腰制有一道与毡尾缘平行的线，线上每隔4寸～5寸缀一簇长约5寸的细须，每簇五条细须，用作装饰。每毡需用六七斤羊毛即可制成，女式即小披毡，无褶折，无腰道，四五斤羊毛即可制成，工序简单。披毡在白族人民的生产生活中具有多种作用，白天可御寒、避雨和垫背，夜间可替垫毡做寝具。访亲友、找对象，可作装饰。因此，旧时成年人必备一毡。背毡，即背具，作背小孩之用，形为正方形，每毡用三四斤羊毛做原料。毡帽，即圆平顶帽，为圆筒状，外翻叠折为两层，夹层可藏钱币、烟斗、烟袋等物，深约五寸，状如钢盔，每顶用一斤左右羊毛擀制。每帽可戴几代人，表层积污垢，酷似穿山甲外壳，用之舀水，可防中毒；放入锅中煮，水可做药用。毡袜，形如无底桶，从膝至踝，穿时与鞋口相接，构成靴子，秋冬之际凉山一带白族穿之做活路。擀毡的同时，又从事皮革加工，即用旧式制革方法加工畜皮制成软硬不同的成品，皮质坚硬者做鞋底，柔软者做皮衣、皮带、皮袄、鞋帮。毕节小河一带的谢、龙氏至今较完整地保存着当时的制革皮灶。至明清之际，发展成为地方特产，做朝贡之物。1949 年后，白族人民还普遍使用。近年，因大量引进细毛羊，土绵羊日渐减少，民间的毛制品也随之减少，白族地区的羊毛主要出售给国家作毛纺加工原料。白族民间的纺织品主要由妇女加工，毡匠则由男性充当，大多不脱离生产，仅在农闲时进行。少数毡匠具有专业性质，一年四季从事擀毡。过去，出名的毡匠是"阿武"，即白族人。民间谚语说："擀毡的是阿武，披毡的是彝家。"

竹器，主要有撮箕、背篓、圆箩、马箩、囤箩、篾笆、筛、簸箕等，多数男子均能加工。

据文献载，白族加工竹器的历史可追溯到远古君长制时期。清中期以后，竹器加工业主要被"阿武"所继承。近百年来，男女老少均业余加工竹器，出售给远乡近邻，给农业生产带来了方便。

铧口，据古书载，早在汉晋时期，"阿武"和"纳苟"（彝族支系）发

篾器市场

白族普遍使用的竹编撮箕

工艺精湛的白族民间手编簸箕背面

竹编的鸡笼

竹编花箩

荞酥

明了冶炼技术，"冶金炼铜、打钢铸铁"。继后，曾出现过大批工匠。铧口的铸造，是冶炼的一个重要行业，从采矿、冶炼、铸造成品，都用自制的冶炼炉、风箱和模型，两人配合即可铸造。在冶炼方面，出了不少名人。毕节官屯区镇西大寨的谢相唐，先当冶铁炉师，在新开田、金银山等地开采铁矿，后来在梅花箐办铁厂，传经授艺，培养徒弟，颇有美名。清朝中后期，白族工匠从事铁制农具锄、耙、铲刀、菜刀生产者不少。大方理化新民村谢永兴加工的农具远近闻名，钢火好，不夹灰、不缺口。不但加工农具，还可加工剃头刀。理化果木赵银是有名的木工掌墨师，不但善于加工木器，如桌、椅、箱等，还能立高架木房。理化街上大地主高、王、曹等姓的住房，多为其建造。因"纳苟"和"阿武"有铸铧口等冶炼传统，故近百年，汉语以"铧口匠"称之，从中看出族称由行业分工演变的规律。随着冶炼业的发展，"阿武"又从事兵器的制造，在黔西北的历史上起过重要作用。

另外还可酿造哑酒，加工荞酥，腌制火腿等。

ZUQUNHEXIE

族群和谐

JIAHEMU

家和睦

● 聚族而居亦散居 ●

　　贵州白族人口的分布，呈大杂居小聚居，同时显现出大范围的共同区域特征。从地方志史记载看，元、明、清三代，省内遵义、毕节、六盘水、安顺、黔西南、黔南、贵阳等地州市均有"僰人""白儿子"或"七姓民"分布。元代李京《云南志略》载，黔北、黔西北、黔西南和滇、川交界处都有"僰人"杂居。（明弘治）《贵州图经新志》说，普安州有"僰人"，诸部落语言不相通，常以"僰人"为"通事"译之。又说普定、镇宁、普安都有白族散居。这种分布格局延续到清代末年。

　　据《大定府志》载，清中晚期的大定府有白族分布的地方为今大方县百纳区撮坝乡、朋程乡、鸡场区在拱乡，理化区理化镇、小屯乡、长春乡，马场区果宝乡，坡脚区长冲乡，双山区文阁乡、毛栗乡，响

白族村寨

水区大寨乡、白泥乡、大道乡、响水镇，达溪区高视乡、坝子乡，飘井区上坝乡、八堡乡、果帮乡，长石区张大乡、隆里乡、果瓦乡；织金县八步区沙桂乡、茶店乡，以那架区果永乡；纳雍县龙场区羊场乡、阴底乡，维新区董地乡、东关乡，治昆区建新河乡；毕节县朱昌区木来乡、双华乡，鸭池区保河乡；金沙县安乐区大田乡。另载，"平远州（织金）向化里诸寨中，有'侬家寨'（今白族）四处；慕恩里诸寨中，有'侬民寨'二处；兴文里诸寨中，有'谢家寨'、'赵家寨'（均为白族）各一处。黔西州黔兴里，寨十九，'侬民寨'一。"《安顺府志》说，普定十二营有"龙家"，分黑、白两种。十二营即今普定县魏旗乡一带，现今仍为白族（"龙家"）聚居地。

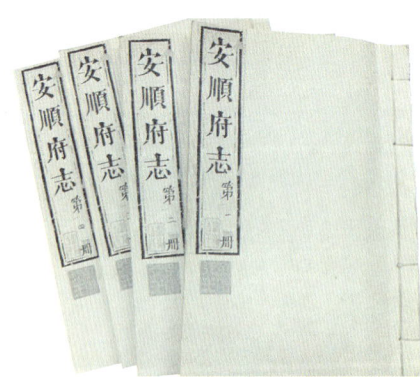

威宁、赫章、水城的白族（"七姓民"）来乌撒后，一直定居今威宁草海一带。至今相传，张家住火星塘，苏家住宰羊坡，赵家住小北屯，李家住海子边和三关庙。白族李姓有三种李，同姓不同宗。其中一李，白语称之为"巴底家"，"巴底"即"巴

底侯吐"，指威宁草海，姓氏来源于地名。白族七姓中，现无杨、钱两姓，许姓极少，不知这三姓初来乌撒时定居何处。

　　明末清初，白族由草海周围陆续迁移下乡。据苏氏谱书载："领致化里毛拖保等处地方。"主体部分聚居于小海镇响水一带至羊街之间的半凉山地带，彝语称"罗举迷"意为白族所辖地区，汉语则称"七姓民梁子"。少部分迁到金钟、龙场、盐仓等地。今张、李、苏、赵几姓人口较多。杨姓于数十年前和张、李、苏几姓中的一部分迁到今赫章青山、新发和水城及云南宣威等地，钱姓去向不详。张姓主体部分从威宁城火星塘迁移下乡后定居三道河、蛇街、羊街；苏姓主体部分从宰羊坡迁到今小海响水一带定居；赵姓由北屯迁到今金海乡的"夷着迷"，最后定居今蛇街乡的赵家院和坡头上。三李可相互开亲，习惯上称蛇街子的李家、板仓沟的李家和沟头山的李家。蛇街子李家又叫"巴底家"，系此李姓落居乌撒的第一地点后，从草海附近迁居三道河附近，久之散居今蛇街、严家等地。板仓沟李家始居盐仓府附近板仓沟，有部分于清代迁往云南宣威县倘塘兴龙村，一支迁居今蛇街、金海一带。沟头山李家迁到今金海一带后，又有一支迁居金钟。

　　从现在的分布看，白族张姓主要居住在蛇街、羊街、结里、三道河、幺站、金钟、金海，苏姓主要居住在小海、严家，李姓主要居住在蛇街、

白族村寨一景

金海、金钟等地，赵姓居住在蛇街、抱都。

　　白族中，散居在大方一带的段氏、纳雍一带的尚氏和盘县一带的杨氏，人口较少，既不属"龙家"人，也不属"七姓民"。据谱书载，大多属明清之际或从军或做官或经商而从云南大理迁居贵州。如段氏，从大理迁至播州（今遵义）做官数代后，移居今大方等地。白族人口少而分布面广，历来散居于彝、汉地区，故与彝族、汉族结成不可分割的关系。从文献记载看，清代前期的贵州西部，有不少的"白儿子"分布，但到清代末年，大多融入彝族和汉族，只留下"白泥屯"、"白儿寨"等地名。白族谱书上常有"汉父夷母"的记载，证明白族融入彝、汉民族，具有普遍现象。据统计，威宁白族与彝族的通婚，绝大多数是白族姑娘嫁给彝族小伙；与汉族通婚，全部属白族姑娘嫁给汉族小伙。白族与彝、汉民族通婚所生子女，其民族成分大多报彝族和汉族。长期与异族通婚的结果，因"你中有我"而自行更改民族成分者，也时有发生。威宁盐仓附近的民乐村彝族李家，四代前以白族自称，后因与彝族通婚而改族称为彝族，至今沿袭；团结村的彝族苏氏和板仓沟、花渔洞的汉族苏氏，与白族苏氏有同祖分支的传说，但族称至今未改。

民居小巷

　　白族人口少的另一个原因，是内部的通婚范围狭小引起的血缘近亲危害。据威宁自治县三道河的汉族老人说："过去的三道河上下'七姓民'很多，由于'网兜亲'，后来都败了，现在只有两支了。"所说三道河"七姓民"很多的历史不过百余年，可见血缘近亲之危害性。

　　中华人民共和国成立后，医疗卫生事业改善，白族人口不断增加，经过"返本归原"的认定和民族识别，白族人口达到12万多，毕节地区白族人口位居少数民族第三位。

　　贵州的白族，主要分布在毕节市、六盘水市和安顺市，以大方、毕节、织金、纳雍、黔西、威宁、赫章、水城、盘县为聚居区，与彝、苗、汉等民族杂居，大散居小聚居，以散居中的点状分布为特点。贵州的白族识别认定族称较晚，故对白族迁徙史的研究尚处在初始阶段，而且由于文献资料的相对缺乏和考古资料的奇缺，迁徙史研究的进展较慢、难度较大，并且存在着争议。大致说来，贵州白族由古"僰人"、"西爨白蛮"的遗裔、"爨僰军"和"龙家""南京人"后代组成。

● 合姓结盟系根基 ●

　　贵州白族先民"龙家"（"南京人"）一般是一夫一妻制的小家庭。小家庭实行家长制，家长多由男性承担，长辈对晚辈有一定的权威，晚辈对长辈多是"唯命是从"。妇女除了同男人一样从事农活外，

盛行于白家豪门大家的"照壁"

白族一正两厢民居建筑

织金现存白族民居

还要担负绩麻、纺纱、织布和刺绣等家庭小手工业劳动。因此，在历史上汉民族称她们为"大脚板蛮"。

过去有家族组织，由同姓或同宗的小家庭组合。每个家族组织中都选出正直的有威望的长辈为族长，处理内部事务和组织族人共同保护自己的利益，使其不受侵犯。从前建立的宗祠、阁庙等，至今还有遗迹：响水、柯家桥、古打、比西、慕石、以堵等六寨"龙家"（"南京人"）建的"奎交阁"残碑尚存；理化乡果木村"龙家"（"南京人"）谢氏祠堂还在，观音阁残碑还存放在祠堂中；白布谢氏祠堂碑还完整地竖在其祖墓前。过去这些宗祠、庙阁是用来祭祀祖先、陈列神祖牌和宗族聚会之地，现已成为文物。

白族人民的名与姓是这个共同体文化的特征表现形式之一，具体反映了贵州古老民族"龙家"的特色，也体现了明初入黔的"将士臣民"与"龙家"融合的标志。

白族先民"龙家"，早期除部族首领有姓名以外，庶民一般只有名没有姓。如大方白布谢氏的《祠堂碑记》有"勺生阿志、志生阿科、科生阿泰、阿义、阿堕、阿协"；兴隆乡赵（傅）氏高祖母沙把墓碑有"孙阿兰、阿落、阿一把"等。"关于南龙人（南京人—龙家）族别问题调查报告"说："这些碑文是后来的子孙借汉姓所写的。由于受到汉族文化的影响，才逐步借用汉姓；有的被迫跟部族首领姓。"《宋史》载："汉牂牁郡、唐南宁州、牂牁、昆明、东谢、南谢、西赵，兖州诸蛮也。……部族共一姓，虽各有君长，而风俗略同。"

入黔"将士臣民"与"龙家"合姓结盟时，将双方的三十六个姓氏合为赵、谢二姓。黔西《华氏宗谱》载："凡属宫、商者，姓联谢族焉；角、徵、习者，姓联赵族焉。"合姓结盟后，以赵、谢为"明姓"，其余姓为"暗姓"，长期沿袭。此后"龙家"（"南京人"）共同体中只赵、谢二姓。《中国西南民族史》载："元、明、清时期的龙家中以赵、谢二姓为最多"。《大定县志》、《黔西州志》载："龙家……多赵、谢二姓。"

土墙、木板、盖瓦混合建筑物，是20世纪60、70年代的过渡建筑

明隆庆六年（1572年），明初入黔的"将士臣民"的后裔得到特赦后，"龙家"（"南京人"）共同体的赵、谢中，逐步使用原姓氏并出现了一些新姓氏。赵姓中使用原姓氏和新出现的姓氏有萧、祝、陈、周、张、焦、晏、清、黄、钟、傅、钱、司、岳、何、高、秦、朱、白、颜、曾、金、吴、郑、穆、尚、石、文、宋、刘、李、邱三十二姓。

谢姓中使用原姓氏和新出现的姓氏有祝、王、罗、涂、岳、薛、陈、钟、萧、周、徐、李、晏、马、龙、何、张、华、宋、刘、姜、常、路、洪、冯、董二十六姓。

以上姓氏中，有的姓氏在"明姓"上既姓赵又姓谢。据调查，在西望山合姓结盟时，合姓结盟的内容有这几条：

合族别。"南京人"与"龙家"人合为一民族共同体，隐蔽"南京人"姓名，对外统称"龙家"。

合姓氏。将双方的三十六个姓氏合为赵、谢二家大姓，以赵、谢为"明姓"，其余姓为"暗姓"。

合语言。"龙家"有自己的独立的语言。合姓结盟后，内部统一使用"龙家"语，对外以汉语为交际工具。

合习俗。"龙家""南京人"在长期的生产、生活过程中创建了自己的文化习俗。合姓结盟后，双方的文化习俗都是共同体中的宝贵财富，都享有使用的权利。

限于族内通婚。合议规定各记"明姓"和"暗姓"，在本民族内通婚。实行"赵谢婚""谢赵婚""赵赵婚""谢谢婚"。

　　加强团结，共御外辱，一夫受虐，万夫同争。凡本民族任何一姓一旦遭到外族无理欺凌时，都要"赵谢同争"，又称"万夫同争"，以维护本民族的利益。有的合姓将兄弟分别合属赵姓和谢姓。如萧质彬将长子萧维周合属赵姓，子孙改姓赵；次子萧维卓合属谢姓，子孙改姓谢。东关乡大寨村谢祝氏家谱载"入黔始祖祝济南"。小屯乡法启村赵祝氏家谱记载"入黔始祖祝庆南"。祝济南和祝庆南是否是兄弟，未进行考证。

　　据赵国明《大方白族文化初考》（初稿）考证，当时参加合姓结盟的各姓代表有赵宜先、谢法孔、王俊波、祝济南、唐启明、罗文瑞、司毓英、涂瑞祯、岳玉明、蔡伯坚、薛松桥、余恩荣、陈玉福、钟明良、傅朝勋、萧质彬、周云武、徐松廷、李鹏程、焦世先、熊登明、晏巩全、马武军、沈应龙、郭大雄、林泉声、钦明友、龙朝轩、黄世棋、何开选、张云程、华世贵、钱云龙、杨学诗、邓文光、韦志远三十六人。

黔西北风光

● 民居构架靠山建 ●

　　白族一般选择地势低洼平坦、阳光较强、土质肥沃、雨量充沛、人畜饮水便利的山脚建寨，前有坝子，后有靠山，坐北朝南，讲究风水。筑有围墙，外有隔河。离城镇、集市较近，交通方便。分布呈大杂居小聚居特点。各寨十几至几十户独立而居，相对集中又与邻寨相隔不远，连绵不断，鸡犬之声相闻。一寨以一两姓为主，散居杂姓。

　　白族房屋构造形式，一般为木结构和土木结构，砖木结构较少，大都宽为五至七柱，长为三至五间，一楼一底。家庭人口少而经济困难者为二至三间土墙矮屋，少数富裕人家有宽九至十一柱、长七至九间的大房，甚至有一正两厢或四合天井，称"三方一照壁"和"四合五天井"。普定县讲义寨白族，房多为石木结构，屋面盖瓦或石板，一幢双间，第一间左侧柱尖无川，架有双托，两端刻有龙头，称独架龙状。古房柱头多为马桑树。

白族传统建筑"一正两厢"

依山而建的白族新农庄

陶制瓦饰

　　房屋内部，中间称堂屋，作供奉祖先和大型聚会之用。旁边是卧室。一般都有火炉，用于烧火煮饭。同时，也是家庭活动和亲友聚会的地方。房屋大多有顶楼，一般不住人，用于储藏粮食和堆放物件。与住宅相连的还有一些附属性建筑物，比较简陋，如耳房、牲畜圈栅、厕所、打谷场等。

　　威宁、赫章白族第一代的房屋建筑是最为原始的竹草盖的稀泥敷竹壁房，当时人畜混住现象普遍。这类房屋经历了很长的年代，大约淘汰于清末。第二代房屋是在清晚期从第一代房屋中产生的，此类房屋是竹草盖顶木板房，到民国初年，这种房屋在白族地区已相当普遍。民国中、晚期以后，白族人民为保卫自己，避免战乱时火灾和抗击外侵，便建造一种以土作壁的草盖或瓦盖房，土墙房不易被子弹击穿，亦容易在屋防卫，此为第三代房屋。近三十来年，白族地区的房屋正处在第四代更新期，即由土墙房转为石墙瓦盖房或砖墙混泥结构。

虎头瓦当

● 祖先技艺千古传 ●

白族的工艺美术具有独特的民族色彩，包括精美的石木雕刻、美观大方的编织等。

石工工艺

白族石工工艺，历史久远，在我国雕刻艺术上享有盛名。黔西北地区，也曾留下白族工匠的业绩。如田雯《黔书》所载："龙家善石工。"贵州白族石工工艺集中体现在石棺墓上。

石棺墓，又叫梭棺墓或石室墓，工艺精美、坚固耐久。石墓碑上，雕刻着人、龙、凤、狮、虎、犀牛、马、牛、羊、鹤、鱼、刀、剑、花、草、树木的精美图案。奇花异草千姿百态，飞禽走兽栩栩如生，有二龙抢宝、双凤朝阳、佛手石榴、套圈窗花等图样，雕刻精致，炉火纯青。这类墓式，现保存完整的有大方白布、理化、黔西天坪、红岩等地。毕节长春蔡官屯钱氏坟场，官屯镇西大寨谢氏坟场，青场大寨赵氏坟场，朱昌双华大寨赵氏坟场和钱氏坟场，鸭池草坪的谢家坟，海子街金银山中厂赵氏坟场的墓碑、华表等石工雕刻，可看出当时白族工匠的工艺水平。

黔西白族不同时期修缮的砖拱石柱门洞

织金白族村寨的石头围墙

做豆腐的专用石磨

普定白族罕见的石头菊花雕

织金白族民居木雕窗花

木工工艺

白族"善石工",对木工工艺也有特殊的造诣,主要表现在房屋建筑的装饰方面。安顺市西秀区的木头、讨兑,普定县的讲义寨,大方县的白布河两岸,黔西县的花溪寨等,随处可见白族建筑的工艺。有双吊檐走廊、四合院花卉雕刻、六合门"双翰纹"雕刻、双吊檐三福神龛浮雕等,均可见白族木工工艺的高超程度。现在,一批年轻的白族木工艺人正继承这一古老的工艺传统。

白族民居建筑正房二楼构架

CHUANTONGMINSU

传统民俗

ZHANGYICAI

彰异彩

● 服饰标记同胞情 ●

　　白族的服饰，因复杂的历史演变，不同时期有不同的内容，同时存在着来自于地域或支系上的差异。

　　明朝初期的大方、毕节、黔西等地的白族（"南京人"）男子普遍束发，或戴帽或缠头巾，身穿大领大袖的古式衣袄，束宽带围腰，前长后短。部分穿迎风大袖的长袍，显示温文尔雅的书生气质。明代中叶后，普遍改为马尾束发扎髻盘在头上，不戴帽，身穿窄袖短衣，腰束围腰。儒生文士用青布头巾勒住前额。徙居水西后，特别是明末清初，逐渐有人散发，包青布长头巾，身穿短衣、大裤。《大定县志·洞蛮竹枝词》云：

螺髻轩轩狗耳殊，斓斑衣彩自为都。
满头薏苡如编贝，更美邻家五色珠。

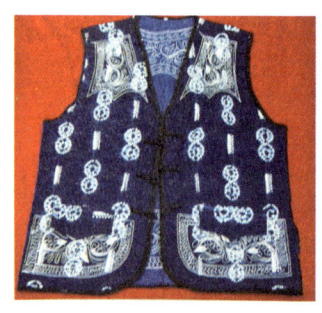

男式马甲

身着盛装的白族男子

"南京人"女式礼服
"白素衣"彩色正背面

　　这是对"狗耳龙家"头饰的经典描述。自民国始，服饰逐渐同于汉族，至现在，与汉族服饰无差异。

　　服装分为"便服"和"礼服"两类，"便服"为大领大袖上装和短裙装；"礼服"称"白素衣"，是娘家在女儿婚前准备的专供婚、丧之用的珍贵衣服，分彩色和白色两面。彩色面用于婚事，用红、黄、青、黑、白等色绸布，剪成正方形、长方形和三角形的若干同等小块，按纵横规律拼缀成方领口的五彩斑衣，领口、袖口和襟边用绣古式图案的花边大镶大滚，胸前、背心绣有各种各样的瑰丽花朵。白色面用于丧事，用白色绸布制成。

　　妇女服饰的演化较缓慢。明初，以青丝细带扎双髻，插簪子，耳坠银质耳环，身穿大领大袖上装，腰束百褶长裙，手戴玉镯、戒指，脚穿莲瓣式绣花尖鞋。明代中叶后，逐渐演变为青布绾发辫盘于头，插簪子，有的戴青布帽子，有的用青布盖在头上，前额束有绸质细带，上钉银质品或五色药珠。

　　明末后，因生活环境改变，服饰随俗而易，头上盘发辫，缠青色长头巾，身穿反托肩花袖口长衫，腰束大带。清末民初，未婚女子脑后垂独辫，已婚者将发辫挽髻插横簪或直簪。身穿青色或蓝色短衣长裤，束围腰，后演化为头蓄披肩短发，身穿短衣长裤，束长围裙。目前，仅部分老年人仍按习惯挽髻、缠头巾，穿长衣服。

白族（"龙家"），古代有"大头""狗耳""马镫""曾竹"等源于民族压迫而带有歧视性的支系区分，同时有黑白之说。"支系"与"黑白"之分，均可在装饰上表现出来，即头饰区分支系，服饰区分黑白。据道光年间的《大定府志》《峒蛮竹诗词一百首》记载，在清代前，服饰多姿多彩，黑龙家妇女青衣短裙。（宣统）《贵州地理志》卷三载："大头龙家在镇宁、普定，男竹笠，妇女穿土色衣，系青衣短裙。"白龙家白短衣，长筒裙。（乾隆）《黔西州志》载："侬家，厥性颇淳，衣尚白色。男髻向前，青带勒额；女髻青带绾发其首，衣短裙。"《大定县志·洞蛮竹枝词》说"马镫龙家"：

峰头斫药倚长镵，编竹苫茅总大凡。
平素有嫌衣尽白，居丧反见著青衫。

描写妇人头饰为：

鬼竿择配多相似，缁布冠巾迥不侔。
马镫由来承足底，如何笼上妇人头。

至民国后，古装逐渐消失。

白族（"七姓民"）初来贵州时，服饰无从知晓。大约自清初起，妇女头缠黑帕子，左或右侧留出不长的絮缕部分，身着长衣服，脚履古代鞋袜相连的翘首鞋，衣鞋均镶有花边。男子穿大襟衣宽裤脚裤子，多为青、蓝色，无花边，鞋样与妇女相同，无花边。清晚期后，

传统女装

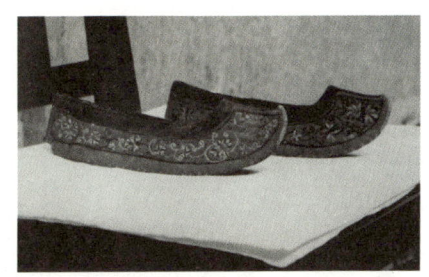
"南京人"花鞋

手工绣花鞋

白族青年男女装

服饰有所改变，头缠包头，不拖絮缕，衣服已无花边，翘首鞋改为布鞋，鞋袜分开。

　　当代，威宁县小海、三道河、金海、蛇街、严家和水城、盘县等地白族服饰逐渐趋同于当地汉装。如今，只有七八十岁的老人穿长衣服，中、青年人已无穿长衣者。威宁东部的盐仓、金钟、二塘和赫章县的白族，服饰与当地彝族相同。

　　无论何地，过去白族服饰的原料多系自织麻布，后从外地购买土布，少数人则用稀奇的"洋布"。颜色多以青、蓝色为主，掺有较鲜艳的红、绿等色。装饰品主要有手镯、耳环、绾簪等银器。随着时代的发展，服饰的原料、装饰品等发生了巨变，已无民族特征。

收割苦荞

● 刺梨水花催人醉 ●

　　白族群众的日常生活，以苞谷为主食，其次为大米、洋芋、荞麦、瓜菜杂粮等，均为自己栽种。凡是有好吃的东西，如肉类、好米、好菜等，均先满足老人和幼孩食用。逢年过节、婚丧、招待，一般食用大米、猪肉。有客人到家，好酒、好肉，各种菜肴摆满一桌，宾主开怀畅饮，互吐心曲，直到酒醉饭饱为止。即使如此，主人仍十分遗憾，再三向客人道歉。这种习惯至今保留着。

　　白族喜欢饮自己酿造的烧酒、水花酒和甜酒，尤其喜爱"刺梨水花酒"。接待客人或年节庆典、祭祀祖先、家庭聚会等非常日子，常饮自制饮料。饮食所用的锅、碗、杯、盏等器皿，基本与同区域的其他民族相同。

　　大方一带，白族家庭中使用的漆器享有盛名。

　　白族在饮食上的偏嗜，颇具民族特征。

　　干粮，如炒苞谷花、炒面及各种粮食做成的粑粑之类的食物。野茨莓（救军粮）炒面，是白族历史上出名的干粮。据历代口传，以前老祖先们打仗、屯田时，整天在外面靠吃干粮度日，后人为了纪念他们，每年正月

白族名菜——乳扇

餐厨师傅的艺术品

贵州三宝之一的大方漆器

刺梨水花酒制作

将加倍分量药曲酿成的好甜酒，在砂锅内细火焙黄，直至浸放出浓郁芳香气味后，加水熬成橙黄色液体，待冷却，合并刺梨，倒向甜酒缸内，注入适量烧酒，封闭缸口，约三四个星期后，沥汁饮用。要饮刺梨水花酒，平常即备刺梨粉末，即秋后采摘经霜刺梨，晒干，舂细，除去肉部籽粒，用洗净之棕皮扎好存放。

初二供早饭，要把磨好的武器（梭镖、刀、叉等）摆在神龛前，再把装有粑粑、干豆腐、血哨、炒面和炒苞谷花等的干粮袋挂在神龛上，为他们饯行。长此以往，只要到边远田地干活、赶场、背煤、上山放牛、进校读书等均带上干粮，随时备用。备干粮逐渐成为一种较为普通的传统习惯，至今未改。

刺梨水花酒，系传统的民族自制饮料。据传，明洪武二十一年（1388年）七月初，白族老祖先在云南麓川打仗时，缺粮受困。七月初四夜，用石头挤压刺梨汁当酒，向天祷告。初五晨，发现遍山的糯米果（救军粮），故而得救。老祖先说，这是因为刺梨酒感动菩萨的原因，后辈子孙都要会泡制刺梨酒，用以感谢菩萨的救命之恩。经后人不断精心加工，现今的刺梨水花酒清香扑鼻，浓郁甜醇，饮上几杯，便"飘飘然如坠五里云，悠悠然似神仙之态"。

● 同姓通婚藏玄机 ●

　　白族实行家族外婚、民族内外婚制。到明永乐初，白族（"龙家"）因受歧视和迫害，坚持"不与外族通婚"的原则，实行民族内婚制。"宁愿葬错九座坟，不能开错一门亲"，否则，一代的媳妇就成了万代的祖母。在族内通婚，讲究亲缘关系，先弄清对方祖母、母亲的身世，即所谓"哪家竹林中的秧秧"。有些白族墓碑上有"赵母赵氏""谢母谢氏"等字样，均属同明姓不同暗姓所致，如同为明姓谢氏，然暗姓为陈、张二氏，则不属同宗，可行通婚。死后葬墓碑上，则用明姓而不用暗姓。作为贵州白族特殊文化习俗的"同姓婚"现象，可以明确查证的至少在明代中期，至民国时期仍在贵州西部延续。贵州白族多为明姓的赵、谢二姓，二姓所包含的暗姓所居地域通常相连，或二姓同居于一个村寨，故在地域上形成明姓的"谢谢、赵谢、谢赵、赵赵"这四种婚配形式，暗姓婚配则极其复杂，几乎包括白族分布区域的所有汉姓。威宁、赫章、水城一带的白族（"七姓民"）即张、苏、李、赵、许、钱、杨七姓均可实行两两通婚。只要年龄相当，辈分相同，双方情愿，均可结为良缘。此外，三"李"之间和三"李"与其余六姓之间亦可两两通婚。婚恋范围狭小的情形下，实行"亲乱族不乱"之原则，许可血缘较远的不同辈分之间通婚。这在白族的亲属称谓

待嫁的白族姑娘

上得到直接反映。

白族"南京人"中的三十六姓均可实行彼此通婚，也就是说三十六姓都是姻亲关系。在息烽西望山"合姓"后，只有赵、谢二姓了。于是，赵、谢成为明姓，原来的三十六姓成为暗姓。所谓同姓通婚，表面看来赵和赵之间，谢和谢之间都可以通婚，事实上是三十六个暗姓之间的婚姻关系。

白族实行族外婚的历史已经很早，以与汉、彝通婚者较多，"汉父彝母"的广泛传说，是族外婚的反映。过去"七姓民"主要与黔西北和滇东北毗邻几县的四大"白彝"通婚，不与"黑""红""青"等彝族支系和"根骨不正"的彝族结成婚姻关系，这是受彝族社会等级制影响的结果，是彝族社会血缘等级内婚制的变种。赫章县柏果镇杉木箐等地的白族因处在彝族社会的包围之中，故青年男女恋爱方式相同或相似于彝族。威宁盐仓、龙场等地的白族恋爱方式完全相同于周围彝族，即常以对歌形式出现。

白族与汉族通婚，在民国只是极个别现象，现在则越来越普遍，大多数是白族姑娘嫁到汉族地方。

白族有婚前恋爱自由之习俗，但各地方式有差异。威宁"七姓民梁子"的白族，由于居住在汉、苗、彝族杂居区，他们的恋爱方式受汉、彝等

野外歌会

族的影响，有时以言表情，有时以歌达意，恋者双方很难被人们所觉察。

一般情况下，进入青春期的男女，在大青年的影响下，开始同异性接触，常在晚间相约对歌，双方一经约定，必须守信，有的女子为表示不失信约，常给信物予男方，不守信者，常被对方看不起。男女相会后，一同到不易被人发现的偏僻地方燃起篝火，男女各坐一边，彼此对歌，直到黎明方散。由于恋爱自由，因而难免有一人多恋现象。

白族青年所对的歌，通常是七字四句山歌：

> 郎一声来妹一声，好比先生教学生；
> 先生教学学一本，山歌无本句句真。

赫章、威宁一带，除四句山歌外，有的白族青年用彝语说长短句情诗和情歌。此外，还有一种叫"皮帕答"的情话，其特点是答方必须以问方所说的话的最后一字作起头对答。常出入歌场的青年，一般都知道几百乃至上千首歌。有一首反映旧社会妇女悲惨生活情景的歌，称为《苦情歌》：

> 石榴打花叶又青，远方之人来说亲。
> 说亲之日娘欢喜，结亲之日娘痛心。
> 爹舍不得姣姣女，妈舍不得痛肝心。
> 等到三月婆家去，做人媳妇要小心。
> 迟迟睡来早早起，早早起来孝双亲。
> 扫了婆房有书房，扫了书房有客房。
> 撮箕扫把才丢掉，挑桶扁担压上身。
> 挑得水来天不亮，残灯下面补衣裙。
> 手中针线才丢下，镰刀绳索带上身。
> 遇到老的摆两句，遇到媳妇摆苦情。
> 背时坡来长又长，爬到高坡红太阳。
> 三把搂来两把捆，慌忙忙张背上身。
> 背走公公面前过，公公说是背得轻。
> 背走婆婆面前过，婆婆说是几根根。
> 背走丈夫面前过，黑漆光棍打上身。

衣裳打成筛子眼，背上打起墨染青。
隔壁大娘听不过，手提大秤过来称。
一秤就是五十五，两秤就是百多斤。
女子不比男子汉，哪个能背两百斤。
镰刀索子才放下，双脚踏进碓房门。
舂了一斗羊毛谷，舂见骨头舂见心。
公公赖我偷一碗，婆婆赖我偷一升。
偷一碗来偷一升，拿去养他全家人。
丈夫听见这句话，黑漆光棍打上身。
上身打得墨染黑，下身打得靛染青。
我心想得无计较，手提花鞋就转身。
三步并做两步走，两步拿做一步行。
仗着一时走得快，不觉就到娘家门。
妈妈听到苦女来，针筒麻线收出来。
爹爹听到苦女来，抬张椅子站出来。
哥哥听到苦妹来，十字街头称菜来。
二哥听到苦妹来，打发侄儿男女接。
三哥听到苦妹来，喊不喊来接不接。
弟弟听到苦姐来，学堂读书跑回来。
住了七天我转去，住了七天转回程。
喊声爹爹不要气，喊声妈妈不要哭。
要死要活由我去，不让妈家落骂名。
我心想得无计较，手提花鞋就转身。
走了一程又一程，不觉又到婆家门。
一走公公面前过，鼓眉鼓眼瞪我身。
一走婆婆面前过，责鸡骂狗瞪我身。
一走丈夫面前过，黑漆光棍打上身。
大哥听到打妹事，写张文书告仇人。
二哥听到打妹事，手拿白纸就进城。
三哥听到打妹事，说钱不打女官司。
弟弟听到打姐事，想把他家灭满门。

　　白族（"龙家"）的婚前恋爱，明代初年时较为自由。据载："龙家，春日立水于野，谓之鬼杆，男女相聚，旋跃而择配，已而男携其所悦者以归，女家以牛马赎之，方通媒妁，纳聘礼。嫁后三日，女仍回娘家，其夫常向父母守之，有子后始同居。"随着历史演变，放弃跳杆择偶，而以上山扯火草的方式谈情说爱，略同于对歌谈情。

提亲习俗

　　大方、毕节的白族首次提亲，用口袋装一瓶酒，由媒人放在女家门背后，表明来意。二次正式提亲。三次提亲时，举行定婚仪式，请至亲陪媒人吃"允口酒"，杀鸡取鸡卦作凭证告告男家。女方不同意，则退酒给媒人表示回绝。

　　白族青年男女有恋爱权，但婚姻多数属于父母之命，媒妁之言。男孩一般到十来岁时，父母便到处物色对象，为儿说亲，因此未成熟便定下终身大事。若有极个别冲破包办婚姻的牢笼，则按习惯，女方父母须如数赔偿男方的彩礼。现在男女婚姻逐渐自主，但包办婚姻的外壳即通过媒人促成的婚姻还存在。

　　贵州白族实行交错姑舅表婚，即舅家的子女与姑家的子女可交错通婚，而且有优先权。这种婚姻形态是父系制的产物。过去白族认为这是亲上加亲亲更亲。现在，人们清醒地认识到这种近亲婚姻有危害性，故姑舅表婚越来越少，但其影响尚未根除。

　　白族认为姨妈姊妹一家人，故子女之间禁止通婚。若有个别婚姻困难者实行姨表婚，亦常被人耻笑。姨表不婚反映出母系氏族外婚制遗俗。

　　白族婚姻大多托媒人提亲，媒人到女方家，首次试探了解女方意向，介绍男方情况；二次提亲，说明来意，由女方考虑；三次提亲，携带烧酒，女方同意，挽留媒人饮酒，不同意则退酒给媒人。

　　婚姻通过媒人，一经说成，就要进行下列程序。

　　定亲仪式：男方父母备一斤酒、一升炒面或米、一丈布，陪同媒人到女方家，即视为定亲。

　　"烧鸡吃"：定亲后的男方父母遇有女方家红白事时，均备厚礼前去吃酒。男女双方快到婚龄，男方通过媒人，征得女方同意后，便带数丈布、数十元钱、数斤酒到女方家"烧鸡吃"，以鸡股骨做凭证加固婚姻。

送大礼：送大礼是女方同意结婚，并商议好彩礼之后择大吉日所进行的婚前最后一个程序。彩礼的多少，视男方家底而论，也直接意味着女方的身价高低，因之女方视彩礼多为荣。过去的彩礼一般是几丈土布和数十元钱。随着人们经济收入的提高，彩礼也越来越高。到后来，一般是十丈以上好布和数百元钱。目前，彩礼已有数万元。

送小礼：因男方经济困难，送大礼时没有如数兑现，便选日子"送小礼"，按商定将彩礼补齐。

送礼后的日子，女方成天坐在家中做针线活，准备嫁妆。双方父母则忙于备办酒席中。嫁前十来天，女方要禁食减饮，以免嫁期大小便，让人耻笑。姑娘禁食之时，周围同龄的未嫁姑娘们常来与之做伴，聊叙旧情。

准备婚宴席

威宁白族酒席

　　受汉族影响较深的大方、黔西等地白族，有纳彩、纳吉、纳证、请期、亲迎等"六礼"，名目繁多。

　　姑娘出嫁日，女方家在大门口临时设一个用松叶盖的待客场所，燃着柴火，烧茶，请寨中备受人尊敬的男性长者就座，并且安排几个服务员，喜迎宾客。客人到时，不论男女，均送一杯茶，一则表示问候，二则请客出礼。服务不周，偶有疏忽而未给客人送茶，使客人不快，是一件不体面的事。

　　用茶和出礼完毕，便依次请客用饭。主客陪主客，并且讲究男客陪男客，老少分坐，非常讲究。饭毕送客到宿地歇息。

　　当晚，每到一位重要客人，嫁女哭一次，哀诉苦衷。

　　当日男方家，备一匹挂红的迎亲马、一件多儿多女的妇人上衣、两斤酒、一升炒面，请家族内新郎的弟或侄子一人牵马，另请一个"背柜子的人"，和7人～9人迎亲者到女方家迎亲。

　　近现代，白族有用水泼迎亲者之习俗。当迎亲者到时，新娘的同伴们总是堵在门口，表示不让迎亲者接走她们的好友。迎亲者只能逆来顺受，不然会招致打骂。因此，迎亲者中的牵马者，为避免姑娘们的袭击，常装作吃喜酒的客人混入女方正屋，将男方背来的酒和炒面顺利地挂在女方堂屋上方壁上，双膝下跪三拜，退出屋外。

牵马人出女方正屋，就和其他迎亲者进入女方家设的临时待客场所闲聊等候，直到客人用饭完毕，方能用餐。迎亲者在餐桌前就座时，女方家男女青年成群围着，与之打嘴仗，最后用赛酒礼歌定胜败。迎亲者输了，则当晚无法吃好饭；女方家赛歌者输了，迎亲者可自由用餐，双方相持不下，则往往唱到深夜方才"说和"后停止。

　　迎亲者饭毕，女方家就在临时场所举行专由妇女唱跳的出嫁歌舞。新娘和同伴们在长者的带领下，手持围巾，排成一行，以简单动作助唱。歌的内容专叙妇女的婚姻不幸，徐徐唱来，凄惨非常，听者往往双泪齐下，歌唱到天明方休。接着，备酒席招待客人，嫁出新娘。

　　新娘即将出门时，专为新娘牵马的迎亲者要在女方门前举行驯马仪式。此刻，新娘同伴们围着新娘放声大哭，引得所有客人不觉泪下。这尽管已成习俗，但所反映的是白族古代妇女的不幸婚姻。

　　新娘出嫁时刻一到，其兄或弟把她背到待客场所前上马，并将迎亲者带来的上衣盖在新娘头上就起程。新娘在哭泣中被其兄弟姊妹送走一程后，停下来劝其止哭，才交给迎亲者。

　　女方家参加送亲的有新娘叔伯一人，舅舅一人，兄或弟一人，家族内各支系的兄或弟一人，新娘所有的姐夫，总数要超过男方迎亲人数。送亲者各骑一匹马，且各请一随从牵马。

　　新娘和迎亲、送亲一行人行至男方家的半路时，将新娘扶下马休息片刻，名曰"半路放马"。即使男女双方是邻居，亦绕道举行"放马仪式"。其意是新娘既嫁，已成男方家人，完成一生旅程后，其灵魂想回娘家，亦只能到此，再向前便迷路，不能回娘家祠堂。

　　放马仪式结束后，起程往男家。当日的男方家在门口设一个临时待客场所迎接宾客。新娘一到，放火炮，向村里人报知新媳妇临门。然后将新娘头上的上衣扔在屋上，由两个伴娘迎新娘入洞房。送亲者则被迎至堂屋中坐下饮酒。尔后引他们到安排好的住处，待开饭时再去请他们坐入首席，表示尊重。

　　次日，送亲者与男方家尽情谈论之日。清早，请宾客吃甜酒、炒面。中饭多用羊肉作大菜，晚上用便饭。是日，从早到晚，"酒礼歌"歌手皆各显其才，相互赛歌。晚饭后，男方家要备酒到送亲者住处去叙谈，意即给舅舅敬酒。

　　第三天，送亲者回转，叫"舅舅转家"。送亲者用中饭前，男方家按人放"红包"于桌上，叫作"走路钱"。饭毕，送亲者拾钱入包，与男方家闲叙几句便起程。习惯上，作为新娘的叔伯参加送亲的人需把"走路钱"退回，便美言几句给男方。不然别人会说"叔丈人"是贪财鬼。

当送亲者要动身回转时，新娘常洒泪而别。新郎则要给送亲者各敬最后一杯酒，再次问候。送亲者告别，嫁娶即告结束。

白族办酒席，正餐以"九大碗"为盛席，以"四角镫汤"为次席，其间参有羊肉席。席上，咂酒、烧酒同用。早餐，以甜酒和炒面为主。

旧时，毕节、大方、黔西等地白族（"龙家"）嫁女，有陪嫁一块田或土之习俗，女方死后退回，称"姑妈田、姑妈土，姑妈死后归原主"，类似白族（"七姓民"）中陪嫁的"麻园地"。

姑娘出嫁一月后回娘家，届时，在毕节一带，新娘和娘家均以糯米炒面为重礼。

白族（"七姓民"）古代有抢婚习俗，这从嫁娶过程中可探测。直至中华人民共和国成立前，威宁、赫章白族习俗中还有抢亲残存，即某男看中某女或男女相爱已久，男方就组织人力或出钱给他人，寻找机会，将姑娘抢到家中成婚。若女方还未定亲，则为习惯所认可。若被抢姑娘原已定亲，则抢亲者加倍偿还其男方彩礼而告结束。这种以抢亲方式缔结婚姻的习俗，为社会所允许。有权势的人借故到处劫夺民女，甚而发展为抢有夫之妇，给百姓造成灾难，则是阶级社会长期存在的一大社会问题。现在抢亲已不复存在。

白族把招赘婚俗说成"上门"。有女无儿的人家，为了补充劳力，老来有靠，同时为接"香火"，常招婚上门。招婚所生之子女，过去大多随母姓，且男子在家庭中地位较低，因此愿意上门的男子多数为无力娶妻的人。现在的招赘，多建立在自由婚姻的基础上，故男方不被视为无能之人。

白族再婚包括转房、改嫁、续弦和纳妾四种形式。

转房：中华人民共和国成立前，有生育能力的妇女丧夫，可实行转房，即实行兄终弟继或弟死兄继，而以兄终弟继占多数。无兄无弟者，可转到堂弟或堂兄，但继者要出适当的"转房"钱。

改嫁：妇女守寡而不愿转房，原夫家族内也无继者或继者不愿时，即可改嫁。改嫁常由原婆家主事。如果寡妇有后代，则须征得其本人同意；寡妇无后代者，有时征得其同意，有时则采用威逼办法，强行改嫁，娶方要付身价予原婆家。独儿子早亡，守寡之妇既不愿转房，亦不愿改嫁者，公婆征得其同意，可招男子上门。寡妇回娘家后改嫁，需与原婆家商议。

绫弦：男子丧妻，不管其有无儿女，只要有能力，都可一绫再绫，次数不限。有的年迈男性虽无生育能力，为寻求安慰，仍可绫弦。

以转房、改嫁和绫弦方式缔结婚姻，在现在的白族社会中仍可见，但以自由婚姻为前提。

纳妾：纳妾是私有制时代一夫多妻制的产物。过去白族社会中，有权势的人，纳妾现象随处可见。20 世纪 40 年代，威宁羊街地主张国真便是一夫多妻的一例。现在男女平等，纳妾现象彻底被根除。

离婚：白族的家庭组织很牢固，夫妇双方一旦结成婚姻，大都有尽力维系家庭纽带之愿望，离异者极少。男子主动提出离婚，就不能讨回结婚时付出的经济代价。对于女子，实际上是包办婚，故提出离婚，则要付清身价。现在在自主婚姻的基础上，白族发扬优良传统，离婚现象比例仍很少。偶有一例，可顺利解除。

婚俗中，男女属相相克不能婚配，婚日新娘进男家门时，要查看该日禁忌歌诀。婚日，忌陪嫁行列在路途中和其他人家的陪嫁行列相遇，若是相遇就成为"喜冲喜"，必然有一家的喜为另一家所夺，就会遭逢灾难。发生这种"喜冲喜"，为了避免任何一方转吉为凶，就立刻让双方新娘换插头上的花簪，称为"换花"，以此解除凶难。

● 醉在节庆团圆时 ●

白族既有本民族的传统节日，又有与其他民族相同的节日，大多伴有祭祀活动。

春节。除夕晚，将神主牌从山上取回，放入神龛敬供。屋内铺青松叶，席地而坐用餐，一直到正月初三结束。毕节、织金、大方的白族，在每年除夕，都设"蕨龛"，陈列油炸粑等，部分地方还要搭神台，用

团圆节

大方一带的白族团圆节，是南龙人认同白族后的 1994 年产生的新节日，以响水白族彝族仡佬族乡倡导，每年农历正月初十日举行。届时，白族同胞开展耍龙、踩高跷、斗鸡，跳团圆舞、打金钱棍等一系列文体活动。在响水乡立有白族团圆节纪念碑。

12对泡木棍做柱子，横搭竹子、香樟或楠木树，形成一至六阶的神龛，围盖香叶、蕨叶、扁竹叶等。神龛上放蕨叶垫油炸粑，另用一节泡木劈成方形，长1尺2寸，宽1寸4分，挖碟式窝九代碗盛酒、肉、饭、菜敬供祖先神灵，旁点油灯一盏，插香几炷。备办好后，派人敬候守夜。守岁人隔一定时辰，就手执"响篙"击物，并发出"阿略……阿略……"的吼声。相传，部分白族先民于明洪武年间"南征"入黔到贵州黑羊箐时，正是除夕之日，于是"割蕨为龛，斫木为豆，编竹为笾"，以此遥祭祖先，有"伐竹为笾，斫木豆，满山灯火耀香龛"的记载。到明建文四年（1402年），尫寻建文帝的"南京人"流离入黔，行至黑羊箐时，亦值腊月三十，"岁已云暮，人神靡依"，只好用冬青、香樟、楠木、竹子和蕨叶等搭成台子当作简易神龛，供上油炸粑等祭祀祖先。为防止猴子偷吃供品，还要发出"阿略……阿略……"的吼声驱吓猴子，通宵守夜，以后相沿成习，至今如旧。

烟花火把

白族（"龙家"）称正月初二日为饯行日。是日早饭前，在神龛前置梭镖、刀、叉等，神龛上挂装有粑粑、干豆腐、炒面等食物的口袋，供奉祖先，而后吃

白族锣钹曲

　　锣钹响声不绝于耳的时节，意味着黔西北的白族村寨正在举行重大节庆活动。数百年来，这锣声、钹声的乐曲，不时回荡在白区的山谷之间，谱写着白族人民年复一年的新生活。

白族舞蹈

早饭。据传，祖先于正月初二日起程远征。为纪念这一饯行日，初二日仿古时出征之状，供奉祖先。

正月十三过小年。过法与春节相同，热闹非凡。时间为一日。传说部分先民从南京应天府出发时为正月十三日，故提前欢度元宵，以后相沿成习。

清明节。其时为阳历四月五日左右，主要从事扫墓、踏青、植树等活动。现以扫墓为主要内容。届时备香、烛、纸钱、酒、茶、菜到墓前供奉，并上土修整坟墓。

端午节。是日，威宁、赫章、水城等地白族不分男女老少，穿着盛装，早上放马，下午约伙伴到人群集中的百草坪、韭菜坪等地赛马。青年们则借机谈情说爱。近几年，此节日热闹超过其他节日。

铺松叶

关于铺松叶，传说远古时白族祖先抗击外敌，因敌众我寡，牺牲甚多，无法安葬，使用松叶盖尸隐血，以蒙骗敌人，继续战斗，最终获胜。后人不忘先辈的牺牲奋斗，过节铺松叶于屋，以鼓舞后人，久之成习。

白族舞蹈

白族舞蹈

白族舞蹈

七月初五祖先遇困节。是日，上山采野果，放在神龛上，配以酒肉饭菜供奉祖先。相传，明洪武年间，白族先民在云南麓川绝粮受困，到七月初五日，突然发现满山的糯米果、红茨莓，摘来充饥而获救。后这些野果被命名为"救军粮"，七月初五日被列为"祖先遇困节"。

七月初六祖先受难节。每年此日，都要进行祭祀祖先活动，以表孝思。据传，明建文元年（1399年）七月初六日，受密令执燕王朱棣的谢贵等被杀，导致燕王举兵，朱允炆失败，其部属臣民（"南京人"）被迫离乡远逃，流落滇黔。后来，将七月初六日作为祖先受难的纪念日。

团圆节赛马

七月七赛神节。原为青年男女上山扯火草、谈情说爱的日子，后逐渐演变成弹拉唱跳及订立规章的日子。明弘治年间的《贵州图经新志》记载，"龙家"逢七月初七日"赛神"。可见，此节起源较早。

七月半。又称中元节，各家于晚上备些好菜食用，供祖先，烧纸等，别无活动。

八月十五。又称中秋节、团圆节，被白族人民视为重要节日。常备丰盛的饭菜庆贺。威宁白族（"七姓民"）中有早上过节和晚上过节的区别，即张家早上过，其余六姓晚上过。传说，白族（"七姓民"）初来乌撒时，张家早上到，苏、李、赵、许、钱、杨六姓晚上到，是日正是八月十五，于是张家早上过节，其他六姓晚上过节，后世不忘祖宗历尽艰辛，世代沿袭。

十月过大年。即阴历十月初一过年。据传，过去威宁白族将此节日当作大年，非常隆重。

节日有禁忌，如春节年初一，忌饮荤食以敬佛神；忌外人进门，忌扫地，忌用水不能往门外泼洒，否则，给家庭带来不吉祥，财运不好，"漏财"。

白族赵氏古墓

家族墓群

团圆节赛马

白族搭肩舞

TESEWENHUA
特色文化
DUOCAIYI
多才艺

● 能言善辩当通司 ●

白族语言属汉藏语系藏缅语族，语支未定，有彝语支说、白语支说。白族没有自己的文字，白族人民所习用的一直是汉文。有的与彝族居住在一起，能说彝语，但有的词语又不同于彝语，有些词语有汉语的痕迹。"七姓民梁子"一带包括小海以下的响水、金海、三道河、蛇街、羊街及严家，正处于威宁西北部彝族和东部彝族的中间地带，这片地区白族使用的彝语，有些词语同西部观风海、牛棚、大街、龙街等地，有的则同东部盐仓、金钟、二塘等地彝语。有的又是本民族独立的，不同于西部和东部彝语。

清乾隆时期，诗人舒位《黔苗竹枝词》"僰人"注释中说：

一串牟尼极乐天，舌端青有妙华莲。
参军诗思娵隅跃，正要方音作郑笺。

并说"僰人在普安州，姓淳而佞佛，尝持念珠诵梵咒朗朗可听。凡诸苗言语不能相谐者类皆以僰人通传"。说明"僰人"通诸语与宗教信仰有关。《大定府志》说威宁"白儿子""能通诸夷之语"，这与《普安州志》说普安白人"能言仲家、罗罗、汉人语"相佐证。白族在西南少数民族中汉文化水平较高，使用汉语比同一地域的其他少数民族较早较广较熟。过去常与白族交往的彝族曾有"罗举络举嘎"的说法，意即白族"有九条舌头"，指白族善于用多种语言表达思想。传说，清末民初时，威宁白族"七姓民"中的张老先生能说汉、彝、布依、苗及"龙家"等多种语言，是威宁、赫章、镇雄、彝良、昭通、宣威一带有名的社会活动家和说客，民间不少官司都请他作调解人。穷人有冤想张老先生，富人霸道怕张老先生。值得一提的是，汉、彝、回等民族地方势力之间发生争斗，最后的调和人往往是张老先生等白族名士。小海、蛇街、严家、羊街、抱都等地白族多使用汉语。盐仓、金钟、二塘片区的白族，通讲汉语的同时，仍可用彝语作交际语。大方、织金一带部分白族，直到民国时期，还能因时因地使用汉、仡佬、彝、布依等语言。

● 教育先行树人才 ●

明初，毕节市境内、乌撒、水西彝族土司先后归附明王朝。为国家统一和民族团结，朱元璋注意"礼乐教化"，重视在民族地区兴办教育。明洪武二十五年到三十年（1392–1397 年）的六年间，明朝廷先后批准在贵阳建贵州宣慰司学，水东、水西（今大方、黔西、金沙、织金县）安氏子弟皆可入学；在今毕节、威宁、赫章县建永宁宣抚司九姓长官司儒学。

贵州建省前，毕节境内无管理教育的机构。明永乐十一年（1413 年）建省后，推行府、州、县、卫、司办官学。明永乐十二年（1414 年），乌撒军民府经钟荐礼上书"府故蛮夷地，久沾圣化，语言渐通，请设学校，置教官，教其子弟，变其夷俗"，获朝廷采纳。明正统八年（1443 年），乌撒卫建儒学于城南。明弘治十八年（1505 年），府州县卫司开始设学官管理教育，府、卫设教授，州设学正，县设教谕。同年，贵州办

....●
清代织金三甲的宝安寺，曾经是白族地区有名的教学点

书院盛行，受此影响，明隆庆六年（1572年），沈闻建文府于毕节城东青螺山，明万历十八年（1590年），由兵备道陈性学改建为"青螺书院"，为毕节

20 世纪 80 年代白族地区的小学

最早办的书院，至此，今毕节境内共办书院 1 所、官学 4 所。明嘉靖十四年（1535 年），随着贵州开科乡试，境内参加乡试生员增多，至明崇祯年间不完全统计，经乡试中举者 112 人。

　　清初，由于战乱较多，阻碍了教育的发展。平定吴三桂后，政局逐渐稳定，教育得到恢复。清顺治九年（1652 年）至清康熙三十五年（1696 年），先后兴办的学堂有黔西蛇场（今金碧镇）办的社学；毕节县知县方瑞合创建的松山书院。清雍正年间（1723–1735 年），"改土归流"后，推行府、州、县置办官学兴建书院，在乡间提倡办社学、义学或私塾馆，全地区学堂数量增加，比较有名的有黔西州知州鲍尚忠创办的州义学。清乾隆年间境内着力兴办书院，其数量比以前多，规模比以前大。从清乾隆五十年（1785 年）至清光绪二十六年（1900 年），全地区增办书院，兴办义学，据不完全统计有府州县学 5 所、书院 15 所、义学 31 所。

　　清光绪二十三年（1897 年），自然、数理化新兴学科传入毕节，在维新改良派教育思想影响下，推行京师大学堂章程改办学堂，全区教育发生变化。清光绪二十七年（1901 年），清政府又颁布兴学诏书，提出"兴学育才为当务之急"。要求省城书院改设大学堂；府城书院改办中学堂；县城书院改办小学堂。毕节县首批将松山书院改办为"求实学堂"，各县也积极作改学准备。清光绪三十二年（1906 年）八月，废科举后，全地区改办小学堂、中学堂结束，大定、黔西开办简易师范，为学堂培养师资，年底统计，共办各类学堂 43 所。其中：中学堂 1 所；师范 1 所；师范传习所 3 所；高、初两等小学堂 14 所；初等小学堂 24 所；乐音学堂 1 所。

贵州白族对文化教育历来非常重视，崇尚"耕读传家"，"安耕织，远骄佚"。在清代，毕节县人才辈出，如朱昌双华大寨赵润章、赵理凡、赵德高、钱必灿和岔河谢文明均为"秀才"，蔡官屯则有"岁进士"钱在朝、"武举"钱抡元叔侄、赵鸣皋等；普定县有举人、秀才及贡生赵敬台、赵（文）应文、赵国碧、赵华封、谢云九、赵（文）谢光等；大方县则有"武举"段为举、段启文、段逢春、段继成，"拔贡"赵振中，秀才赵依坚、赵凤翔、赵德超等。威宁县金海、蛇街等地李氏、苏氏白族亦有不少秀才。清末民初，大方段炳在县城创办女子师范学校，倡导新式教育，后段炳被选为贵州省临时议会议员；大方赵华则在达溪高坎设学堂，鼓励学生奋力抗日。民国时期，毕节朱昌双华赵振秋、钱琼臣、黄帮英及鸭池镇赵继德、谢恩等被推荐入"官学"，黄帮英后来成为黄埔军校三期毕业生。威宁县三道河张氏白族则毕业于黄埔军校二十期。普定县讲义寨私塾后转为公学，10多年共培养毕业生200余人。

中华人民共和国成立后，贵州白族文教卫生均有了更好的发展机会，人才辈出，贵州盘县白族何瑞国教授为华中农业大学博导，是全国动物营养界的权威之一，其科研成果多次受国家科委、农业部和湖北省等表彰。此外还有不少优秀的企业家，贵州普定白族赵松桓为中

現今的白族村寨小学

国十大钢铁公司之一的"水钢"集团党委书记。贵州盘县白族尹志华曾为贵州盘江煤电（集团）公司副总经理。白族地区尊师重教，毕节朱昌双华大寨赵人达在 20 世纪 80 年代即为博士，是改革开放后贵州白族首批高级人才，现为西南交通大学教授、博导的赵人达曾承担"863"计划多个重要科研项目和参与上海磁悬浮列车工程专项研究等，大方县段、谢（祝）、谢（肖）姓白族聚居的东关、大寨、文阁等地就有"才子乡（村）"美誉。据统计，大方县在中华人民共和国成立以来先后出了白族大学生 1000 余人，博士、硕士生近百人。

● 且唱且舞向天歌 ●

以"歌"表达思想，以舞抒发意愿，是白族人民的传统习惯。凡遇婚丧、祭祀、节日和聚会，常饮酒高歌，以舞助兴。民间的民歌调、古歌调、喜事调、吊丧调，广为流传。清乾隆《贵州通志》说，"龙家""春时立木于野，谓之鬼杆，男女旋跃而择配，皆以芦笙为伴"。时人歌之：

栀子坪边是春光，杂花生树斗莺黄；
短裙窄袖龙家女，踏回吹芦空断肠。

白族男女两情相悦

此古风至今尚存，如情歌是男女青年相邀上山谈情说爱的一种表达方式，热情、豪放。毕节鸭池、保河，威宁蛇街、小弯和赫章窝奔等地的情歌尤具地方特色。大方一带传统的歌舞，经后人加工归类，逐渐形成酒礼歌舞、花灯歌舞、龙灯舞等类型。

酒礼歌舞

酒礼歌舞是男女各二人，分为两组面对面站着，由一方手拉手，一边唱，一边按固定的舞蹈于左右旋转；曲终，另一方两人按以上步子舞姿朝另一方向旋转而舞。歌词内容大多表现青年女子离家出嫁，饱受不平向亲人哭诉，或青年男女奋起抗争，向往、追求自由和幸福等。通常是五字或七字式的问答句，曲调哀婉凄凉，悲悲切切，如泣如诉。周围观众随情节发展，齐声附和。唱到高兴时，手舞足蹈；唱到伤心处，泪流满面。这种舞蹈不需特殊场地、道具，在一些重大节日和送别时，均可自然而然地相邀而舞。

花灯歌舞

花灯是白族民间喜闻乐见的一种传统艺术，其形式和内容，主要由"春日立木于野，男女青年旋跃而择配"这一历史演变而来。因此，所唱内容大都是男女相爱、婚姻自由幸福等爱情小调。演出时，丑角、旦角（称为干哥、干妹子）手执毛巾、纸扇，在乐队伴奏下，载歌载舞。每年新春，白族聚居区都有花灯歌舞（称为玩"小唱灯"），以表互相祝贺、喜庆新年。现在随着社会的进步和发展，"小唱灯"的形式和内容不断丰富发展，成为集民间武术、传统小唱、新型曲艺等为一体的综合艺术，既保存了历史的内容，又宣传了党的方针政策，为丰富群众精神文化生活服务。因其风格多样、内容丰富、曲调通俗、舞姿简单，故一直受到人们的喜爱，至今仍是白族群众的主要文娱活动。

龙灯舞

白族历史传说中有"耍龙灯入朝"和"身披龙甲"的内容，故春节期间有耍龙灯舞的悠久传统。每年农历正月，传统的白族龙灯队伍便组织乐队，扎制龙灯，到家家户户去恭贺新年，以灯会友。舞姿粗

犷豪放，充分体现出剽悍、勇敢的民族气质，是一项集智慧、体力于一身的复杂文体活动。过去，执掌龙头的演员往往被视为了不起的年轻小伙子而受到姑娘的青睐。有的地方因经济条件限制，不能扎制较为华丽的龙灯，因陋就简要"草把龙"来除旧迎新。

白族民间乐器大体可分为吹拉乐器和敲打乐器两种。

木叶是运用较为普遍的一种天然吹奏乐器。过去，芦笙是婚丧、嫁娶或新春时节男女青年乐于吹奏的乐器。

唢呐主要用在婚丧场合，结合二胡、敲打乐器进行合奏。其曲谱变化较多，比较流行的有下方谱、草谱、花谱、二黄谱、倒扣、折子、应答谱、草戴花等，近似于同区域的汉族唢呐调。箫笛、二胡主要用于集会、节日、歌舞伴奏，如花灯演出等，有时作独奏工具使用。木叶主要用在男女青年谈情说爱交流感情时吹奏情歌、山歌等曲调。

敲打乐器主要在花灯戏演出、耍龙灯伴奏，打仗和婚丧聚会时使用。据黔西县《华氏谱》载："龙家人于西望山，置长鼓以鸣众。贵西贵北打鼓庙，也设鼓悬钟。"毕节县朱昌谢氏的宗谱，有除夕击鼓迎新的记载。大方县长冲赵永香家，如今尚保存有两百多年前木鼓，演奏时敲打乐器，铙钹交响，锣鼓齐鸣，烘托出惊天动地的场面，有固定的乐谱节奏，有专用的表示敲打符号，如《十样景》等。

● 蹉茅票中竞耐力 ●

白族群众喜爱体育活动。过去，每年春节来临，青年男女都要荡秋千、捉迷藏、追"山羊"、踩高跷、打"鹞子翻身"、摔跤等。同时白族先民大多会武术，在传统的花灯演出中，都有武术表演。

蹉茅票

挺胸抬头，两眼直视前方，双手紧握拳，两肘上曲，两脚至膝下蹲势，整体呈"S"形。

下肢呈蹲势，左脚顺着地面用力向前踢出，快速收回半步蹲地不动；随即，用同样姿势和动作，快速换回右脚。上肢动作随下肢变化；踢左脚时伸右手，踢右脚时伸左手，整个运动呈半跳跃式。用鼻子呼吸，到达端线后转身，以上姿势动作继续向前，坚持时间长，动作潇洒漂亮者为优胜。动作过程中，用鼻腔呼吸，以保动作有力。

此运动集体力、耐力于一身，能使四肢百骸、五官七窍、内脏等得到综合锻炼，不择场地，开展方便，较为普及。

贡"鸡"

在一块平地边上搭台或垒土埂，高约3米，作为贡台；用苞谷壳捆成一个形状如足球大小的"鸡"（比赛球）。

开始时，通过拈阄，中者为第一任台主。跳上贡台，用脚使劲把"鸡"踢出场内，谁独自抢到"鸡"，便去追捕台主，将"鸡"强行交给台主。抢到"鸡"者为第二任台主，登上贡台接受"进贡"，接到"鸡"，用力踢出，若"鸡"落地前没人接住，则进贡人继续贡"鸡"。台主又将"鸡"踢出，直到有人接到"鸡"，产生新台主，原台主下台。台主可一人，也可多人，视人数、场地而定。

比赛过程，台主不能用手拿"鸡"或接"鸡"，否则算违规，自动下台，换进贡人当台主，自己当进贡人，继续比赛。当"鸡"被接住时，接"鸡"人常想法逃离，以免被抓去当进贡人。这是一项比耐力、体力和智慧的群众性传统体育项目。

夺阵地

一块平地，用石灰划出分界线，定出中点，分为两半，将稻草、苞谷壳捆扎而成的"毛绣球"放在中点处。

参赛队员不拘多少，均分成甲乙两队，每队选出队长一名，每队队员择好位置，站在自己的场地内。

两队拈阄，中阄队先开球，队长跑到中点，拾起绣球，奋力投向对方阵地。若球未落地就被对方接住，则对方接球队员跑到中线，将球奋力回掷；若球落地而未被对方接住，则开球队员可进入对方阵地，占据阵地，直到对方阵地全被占领，比赛方告结束。

比赛中，球不能出边界，开球队员不能过中线，否则算违规，改由对方开球。开球时，对方可用手阻挡，不让顺利开出。进入对方阵地的队员，可以用推、阻等方式防止对方队员接球，使己方队员顺利进入对方阵地。

荡秋千

荡秋千

选择村寨附近两棵距离相当、桠高相等的树，以树桠为支点，用一圆木横搭于两桠作横梁，梁上套两个大小相等的活动圈，将一葛藤两头系于两个活动圈上，用细藤编制一踏板即成秋千。若无适当的树或无场地，则栽杆而架。取材方便，制作简单。

表演形式有单人和双人两种，双人表演时，二人相对操作，故以同性配合居多。

荡秋千，多在喜庆时进行，有祈求风调雨顺，五谷丰登之意，荡前可向架秋千者祝福，荡到高处，可吼声震寨，喜气冲天。

儿童竞技——跳火盆

磨磨秋

在平地上竖一木桩，顶端作轴，将一木棒逢中钻孔，套在木桩轴上，横木棒两端各坐一人或二人，用脚蹬地作旋转兼上下运动。一般在节日或冬季开展活动。

现在白族民间的体育活动蓬勃开展，除继承传统体育外，篮球、田径、拔河、跳火盆等新运动项目也得到普及。毕节朱昌、大方理化、纳雍维新、威宁羊街等地，逢年过节，都有体育运动，还组织白族篮球队到外村比赛。

儿童竞技——跳火盆

XINHUOXIANGCHUAN

薪火相传

LIYICUN

礼仪存

● 文明家族重修谱 ●

在贵州少数民族中，由于受汉文化影响较深，白族特别重视修家谱。白族的分布格局基本稳定后，民间大兴修谱之风和修建祠堂。正如赵氏家谱所说，"今存谱牒，多系清末之后族中文化人根据所见资料和传闻，各自叙源流、续世系、立字派编写的手抄本"。明代所述"南京人"的迁徙或流动，大多属历史溯源，但明代文献丰富，可据资料较多，即便有传说和推测现象，其谱书所载也有较高可信度。在诸姓家谱中，大方赵氏族谱的脉络梳理较清晰，提供了清代以后的依据。赵氏族谱，应当包括"合姓"后的十九姓家谱（暗姓）。如糯花仲《赵氏谱略》为赵焕章 1962 年 10 月的手抄本，该谱由"溯源""附考""世系略考"和"糯

薪火相传

同薪尽火传，出自《庄子·养生主》："指穷于为薪，火传也，不知其尽也。"原以柴烧尽，火种仍可留传，比喻形骸有尽而精神不灭，用来比喻白族的礼仪传承再好不过了。

花仲支系瓜藤图"四部分组成。其中"溯源"为清同治六年（1867年）南村氏普利子（赵璧璋）"照花溪谢氏本略删润"而成。至民国13年（1924年）赵贞廉再请谢煜恩补修"附考"和"世系考略"两部分。"溯源"部分，写明初王朝内讧，朱棣夺建文帝位，建文帝削发为僧出逃，赵姓等忠于建文帝的臣民追随建文帝南逃入黔，三十六姓、四十八船人渡乌江，江蛟腾起，船沉，仅余十三船、十六姓，后十六姓合为赵、谢二姓以及在黔地迁徙、语言发生变化等情况。最后撰写者强调，他是"稽传志之记载，承诸考老之传闻，参以谚语之俚说，附以一己之臆度"而写成的，其目的是"笔志之，以俟后之贤嗣有志于睦宗亲族者，因此而修饰润色之，是深望其匡所不逮云"。撰写者是把据史实修谱，"匡所不逮"的愿望寄予后嗣了。

"附考"中，大同小异地重述前部分入黔缘由和黔地迁徙的经过，但从中可窥探到白族特有的文化现象。

一是对"同姓婚"的原因进行了简要说明，即"吾先之氏赵非等他人之赵。他人之赵，赵其所以赵。吾先之赵，非赵以为赵。非赵以为赵者，虽赵仍非赵。赵仍非赵，婚姻可通矣"。不过，从这段文字来分析，文中的"吾先"不是指赵姓而是指合入赵姓中的他姓。这大概是谢煜恩为赵氏修谱时，照抄谢氏谱所造成的失误。但反过来却足以说明白族出现的"同姓婚"实非同姓通婚，是与合入赵姓中的他姓通婚。

二是写到"吾先至黔时，惟农家谢法孔。赵仪（宜）先……声势赫奕，人多敬之，心地慈和，民咸附之，吾先投簪变制，相依为生"。所言赵宜先、谢法孔二人即为赵、谢诸姓氏入黔时的盟主。

三是详细地写了"礼乐"即庆天王坛的礼俗，是难得的民俗史料。

"世系略考"部分，主要是简要地记述了赵姓从明朝扈寻建文帝入黔至清光绪时迁至糯花仲的经过。

又如，木弄赵庆云所存《赵氏族谱》，分别由赵鉴、赵必昌（即赵璧璋）、姜永恒和赵国宁所撰写的各部分组成。

赵鉴所撰"序""得姓源流""赵族世系略考"，手抄于民国19年（1930年）。赵必昌所撰"赵族世系附考""赵族礼乐制考略"和"世系略考"，由赵鉴手抄于民国 20 年（1931 年）春，姜永恒所撰"赵氏本末宗族谱系源·响水支存"大约是写于 20 世纪 50 年代初，为赵鉴之子赵智源手抄本。

谱中"序"简略追述"南京人"的由来；"得姓源流"从远古简述到明初赵姓的繁衍迁徙，又从宋十八帝的更替写到明初赵姓扈寻建文帝入黔及以后的情况；"赵族世系略考"、"赵族世系附考"、"世系略考"三部分主要记述明初扈寻建文帝入黔的缘由和在黔地生活、迁徙的过程，内容重复，仅是记述有详略，说法有不同而已。"赵氏本宗族谱系源·响水支存"部分与前"赵族世系略考"、"世系略考"等部分的内容多重复，如谢法孔和赵宜先投朱元璋帐下，建文帝与谢法孔、赵宜先等众离别时写的诗文，响水、木弄、以堵、柯家桥各支的班行等。

由不同年代的人分别撰写组装而成的《赵氏族谱》，免不了内容重复、杂乱，出入较大。诚如赵鉴在"赵族世系略考"最后说的"稽传志之记载，承考老之传闻耳。笔而书之，以俟贤嗣之润色焉耳。"其想法是鉴于条件局限，无法处处稽考核实，寄希望于后嗣，苦心可见一斑。

再如，黄塘沙湾支所藏《赵姓家谱》为丙辰（1976 年）中秋前八日毕阳居士张景先代为手抄本。原谱本系"中华民国"初年所订，纸张已朽，不堪翻阅。该谱内容多涉及道德教育的范畴。首先对孝、悌、忠、信、礼、义、廉、耻"八德"进行阐释；其次是"礼训""义训"、"廉训"和"耻训"；其三是将"圣谕十六条"衍为歌章作"家训"，通俗易懂、易诵，有很好的教育作用。

该支赵氏入黔迁徙及世系人物的生卒时间和地点，从始祖赵德胜开始到膳仁公，中间断了数代，"原有谱牒，遭兵燹完全丧失，率祖率亲概行遗漏"。

从以上所介绍的几部"合姓"赵氏各支谱书看，"源流"虽未说清楚，世系断代严重，迁徙仅为大略，仅有历史影子，但这些资料，对研究白族是宝贵资料，也可证白族社会重谱之风。

● 相伴终生礼仪多 ●

立柱房。白族自古有立柱房办酒之习俗，尤以成家不久的年轻夫妇立柱房为常见。其日期按主人夫妇的"八字"推定。届时，三亲六戚前来帮忙。立柱房时，客人备办火炮、布、钱等物前来贺喜。办酒时间亦为一晚一早，次日中饭后客人各自转家。

开大门。新房大门装好后，乃择日办"开大门"酒，客人备礼物来祝贺。办酒后的大门，可随便打开。

小孩满月酒。婴儿满月时，有举办庆酒之俗。婴儿生后三天洗澡，称为"洗三朝"。族人和亲戚要送鸡蛋、大米等物表示祝贺，叫"送祝米"。主人一般以甜酒煮鸡蛋待客，不办酒席。到满月后才请满月酒。是日，主人或杀鸡或宰羊或杀猪，备办盛席，并托一妇女登门请各户妇女们来"喝甜酒"、吃喜饭。村内已婚之妇均前来做客，向主人道喜。是日，有关妇女的事皆可深谈尽谈，可谓妇女孕育知识教育的良好日期。男性者皆避而远之，或若无所闻。

满月酒结束，将产妇一月中所食之蛋的蛋壳积累起来扔在三岔路口，向人们报喜。所生婴儿为女性者，蛋壳中掺入彩线；所生婴儿为男性者，蛋壳中掺入几个红辣椒。

生小孩，门外挂箕帽，忌外人进门。产妇不满月，忌上灶煮食、上楼取物、上堂点灯烧香、到别人家串门。认为产妇不满月身体不洁，上灶、上堂、上楼，怕玷污灶王爷和祖灵而受谴责遭灾。到别人家串门导致人家不吉祥。坐月子，忌生人进其居室，认为生人会带入邪秽，对产妇、婴儿均有妨害。

孩童忌讳吃鸡肠、猪尾巴。以为吃鸡肠将来会影响读书写字、挑花刺绣

喜宴

不规整。吃猪尾巴，长大后会手抖头摇。

剃头。剃头是白族民间常见的礼仪之一。小孩 1 岁 ~ 3 岁之间，父母根据孩子的生日推算出日子，此后留发不理。到剃头日，由孩儿的舅舅备一把新剃刀为其剃头，剃毕放鞭炮、送礼，以示祝贺。若舅舅不会剃头，亦先剃几刀，而后再请别人代剃，就请算得上舅舅的人剃亦可。

剃头之夜，主人摆酒席招待至亲及寨中来客。凡属剃头之孩的已嫁和已定亲的姐妹及姑妈家，皆备鞭炮、布、钱等物来吃酒。剃头有几种意义：一是庆祝家中六畜兴旺，五谷丰收；二是为以后孩子长寿而剃。次日中饭后结束。

● 彼岸世界求保佑 ●

白族注重祖先崇拜，认为人死后灵魂活着，人的死是体和魂的分离。一般认为人死后有三个魂：一魂到阴间，一魂守坟，一魂脱胎再生。

决定人生与死的魂是去阴间本族发源地的魂。"死"后转活，认

"僰人"悬棺葬

清代黔西白族的供桌

为阴间不让入册而转回。

祭祀事实上祭的是到阴间去的魂。过去每逢节庆，都从山上取回神主牌，放在神龛上敬供。神龛上点着灯，摆着菜，老人把所有的家人喊到神龛前下跪，夹一个火炭到神龛前，舀一碗生水泼后，边用筷子夹菜，边念祭辞。最后将全家人的名字向祖先报告，让祖先知道。如果家里有人外出未归过节，则须向祖先说明原因，并求保佑。若祭祀之前有人吃过某种菜，则不能用来祭祀。逢节日第一顿饭一般吃得很晚，意即怕祖先路远，还未到家，估计祖宗皆到齐后才祭祖用饭。到节庆的最后一顿饭，则吃得很早，认为祖宗要回转，须提前赶路。

白族的神主牌由一块长方形木板做成，上面写着祖先姓名，由长房长子保管，平常藏在山上，唯节庆取回家中敬供。凡经过开丧活动的神主牌，用一木箱装着，视为家宝。关于木板"神主牌"，其来源与云南大理白族有联系，可作白族（"七姓民"）来自大理之旁证。大理白族自古将木刻成祖人像，留给后人敬供，迄今某些地方仍有此习俗。白族的木板"神主牌"，是木刻人像的简单化。

守坟的魂，日夜到处游荡、作祟，因此称之为"影子"即鬼，鬼主要加病于人，老鬼有时行善，只病别人，不病家人；"中鬼"和小鬼则不分三亲六戚逢人就作祟。鬼的形象描绘：一是披头散发、指甲长、眼睛发红的鬼；二是赤身鬼；三是无头鬼；四是无身鬼；五是无四肢鬼；六是全身有毛的鬼。"鬼是想象的产物"。在白族的民间故事中，还有关于吃人鬼的传说，认为某死者葬于一种阴阳先生也无法说清的特殊地后，过几月或几年，坟就自然开裂，坟中的鬼出来吃人，一时变人，一时变鬼，遇人就吸血，直到把所有人都吃完为止。

祭祀活动

脱胎鬼：某人一死，认为其魂之一随即投生。若某地同时有死有生，常怀疑生者是死者脱胎而来。有死即有生，生者必来于死。这反映出白族古代因果联系的哲学观念。

祭祀活动

● 民间信仰世代传 ●

白族先民认为山、石、树、河、洞等自然界万物均有神灵，因之，有祭自然神的活动，以保佑风调雨顺、国泰民安、子孙昌隆。如威宁彝族回族苗族自治县小海区小海镇的营盘村民组，是白族苏氏世居地。苏家屋后的坡上有一棵古树，过去凡有天灾、战争、庆丰收或节日，苏家都进行祭树活动，或乞求赐福或谢神开恩。苏氏何代开始祭祀此树，已无人清楚。现在虽然祭树活动没有进行过，坡上的树也几乎被砍完，唯留下那棵古树，认为树有神灵，砍了要遭祸。离威

办丧标志

孝子背棺

下葬

送丧"烧七"

宁羊街区蛇街乡政府1公里处有一近十年来才淤积成的死水塘，每到夏天，青年男性常去游泳。有年连续淹死三人，人们就附上了不少关于水塘有灾神的说法，并禁止人们再去游泳。白族认为山有一种有益于人的神即龙脉，因此选屋基、找葬地，均择"龙"所居地。中华人民共和国成立以前张氏祖父为找一个有龙的葬地，付出高价请一个阴阳先生理龙脉，从威宁牛棚区理到羊街区，翻越一百多里，最后找在羊街一个有龙山、左右青龙白虎俱全，前有银白彩带的地方。他去世后，子孙将他葬于此。有的人家为找一个好的坟地，往往将灵柩停在家中达多日，一直到择好理想葬地方休；有的人家则生女不生男或孩子连续夭折，便认为是屋基或祖坟作怪，遂进行多次的迁居移坟。

白族还认为龙脉会转移。本来有龙脉的山，一旦遭人践踏，龙便会迁移他方；有人死，阴阳先生为之找有龙脉的葬地，但葬后几年乃至几十年，死者后裔并非万事顺利，就解释为该死者无福气，因而龙已迁走他方。对这些说法，人们信以为真，故很注意保护龙脉。

毕节、大方、织金等地白族有供"姑妈坛"和庆天王坛的信仰。"姑妈坛"又称"灶化坛"。在家长居室的墙上，悬挂一块小木板，上置小木箱、小篾箩或小布袋，内装碎银、谷米、盐茶和已故老人的头发、手脚指甲等物。每年除夕杀鸡供奉，称为一年一供应；三年期满，择时杀猪庆奉，称三年一庆。供、庆之目的，是为祈求丰年、全家平安。这种信仰，至今沿袭。

威宁、赫章白族常见的石围墓

天王坛，据传为开天辟地之初有功德的君长之位。每年农历六月，"至期净坛，越宿鸡鸣，作乐迎神净主、净牲、祈祷、省牲、旅酹、九献告毕，越三日而礼终"。长此以往，"老人制为祀典，后世仍之。""天王坛之庆也，并以五祀：东方青帝勾芒神，祭先肝；南方赤帝祝融神，祭先心；西方白帝蓐收神，祭先肺；北方黑帝玄冥神，祭先肾；中央黄帝原土神，祭先脾。"祭之意在祈保人安物阜，为生者祈福，为死者迎祥。祭品以牛、猪、羊为重祭，由经师设坛主祭庆贺。

过去，遇有疾病、天灾，认为神灵作怪，故常请经师来祭灵、祭神、念经，以求神灵免灾。用药除病的同时，也行祭灵祭神活动，称之"神药两解"。

办丧事，在外面落气死亡的人，不能抬回堂屋停放入棺。要查歌诀是否犯重丧和冲属相。若犯重丧，堂中要挂红绸或棺上吊一只鸡和小型棺一口，然后把它埋在送殡路上。属相相冲，要回避送殡。造墓立碑也要查看歌诀，不能与死者坟向相冲。

参考书目

1. 周春元，等. 贵州古代史 [M]. 贵阳：贵州人民出版社，1982.

2. 威宁彝族回族苗族自治县民族事务委员会. 威宁彝族回族苗族自治县民族志 [M]. 贵阳：贵州民族出版社，1997.

3. 贵州省毕节地区地方志编纂委员会. 大定府志 [M]. 北京：中华书局，2000.

4.《六盘水市志·民族志》编纂委员会. 六盘水市志·民族志 [M]. 贵阳：贵州人民出版社，2003.

5. 尤中. 中国西南民族史 [M]. 昆明：云南人民出版社，1985.

6. 贵州省地方志编纂委员会. 贵州省志·民族志 [M]. 贵阳：贵州民族出版社，2002.

7. 贵州省织金县地方志编纂委员会. 织金县志 [M]. 北京：方志出版社，1997.

8. 黔西县志编纂委员会. 黔西县志 [M]. 贵阳：贵州人民出版社，1990.

9. 贵州省大方县地方志编纂委员会. 大方县志 [M]. 北京：方志出版社，1996.

10. 詹承绪，等. 白族 [M]. 北京：民族出版社，1996.

11. 苍铭. 云南民族迁徙文化研究 [M]. 昆明：云南民族出版社，1997.

后记

    贵州山川秀美，气候宜人，资源丰富，人民勤劳，风情多彩，文化灿烂。18个世居民族，和谐相处，共建家园。《贵州世居民族文化书系》正是建立在人类学、民族学、文化学的研究成果基础上，以叙事方式为主，向世人勾勒贵州世居民族文化版图，展示贵州世居民族悠久的历史文化与和而不同的美丽生存，以全新的视角探寻各民族的文化发展轨迹，解读各民族具有鲜明特色的文化事象，诠释各民族充满神奇魅力的新形象。

    《贵州世居民族文化书系》编委会对书系的宗旨、目标、体例和风格等进行项目论证和定位，负责确定写作大纲，并对书系的组织架构、写作要求和作者物色等进行统筹安排。

    《锣钹响四方·白族》由贵州省民族研究院进行审读，就政治倾向性和民族、宗教问题进行认真把关。本书图片得到了贵州省摄影家协会、作者以及杨国兴（白族）的大力支持（经多方搜寻，仍有部分图片未能寻到作者，作者见书后请与出版社联系）。

    在此，对所有为书系作出贡献的人士表示衷心的感谢！因编辑水平所限，书中难免有不尽如人意之处，恳请读者批评指正，以便图书再版时予以弥补。

《贵州世居民族文化书系》编委会

2014 年 6 月